Josh McDowell & Bob Hostetler
Warum Topfpflanzen keine Gebete erhören
42 Irrtümer rund um den Glauben

Gaby Rolle
Tel. 06101/558755

Josh McDowell
Bob Hostetler

Warum Topfpflanzen keine Gebete erhören

42 Irrtümer rund um den Glauben

Josh McDowell & Bob Hostetler
Warum Topfpflanzen keine Gebete erhören
42 Irrtümer rund um den Glauben

ISBN 3-89436-443-2

Titel der amerikanischen Originalausgabe:
„Don't check your brains at the door“

Aus dem Amerikanischen von Barbara Trebing
Erschienen 1992 bei WORD, INCORPORATED, Irving, Texas

Überarbeitete und ergänzte Neuauflage des Titels:
Gib den Verstand (nicht) an der Garderobe ab!

Übersetzung: Barbara Trebing
Zeichnungen: Saskia Klingelhöfer, Wetzlar
Umschlaggestaltung: Markus Wäsch, Dillenburg
Satz: CV Dillenburg
Druck: Ebner & Spiegel, Ulm

Printed in Germany

Inhalt

Dank 8
„Wir“ oder „Ich“ 9
Einleitung 10

Märchen und Irrtümer über Gott
1. Der himmlische Polizist 15
Der Irrtum vom großen Miesmacher
2. Der Luke-Skywalker-Gott 19
Der Irrtum von der unpersönlichen Macht
3. Der Automaten-Gott 23
Der Irrtum vom Weihnachtsmann

Märchen und Irrtümer über Jesus
4. Jesus, Zarathustra, Mohammed 29
Der Irrtum vom großen Lehrer
5. Der geteilte Jesus 35
Der Irrtum vom Superstar
6. Jesus, der Softie 39
Der Irrtum vom „lieben, lieben Jesuskind“
7. Jesus und die Mainzelmännchen 43
Der Irrtum von der Weltfremdheit
8. Jesus, der pfirsichfarbene Weiße 47
Der Irrtum von der bevorzugten Rasse

Märchen und Irrtümer über die Bibel
9. Interessanter als Homer und Goethe 53
Der Irrtum von der Bibel als einem bedeutenden Werk der Weltliteratur
10. Löcherig wie Schweizer Käse 57
Der Irrtum von der Lückenhaftigkeit

11. Die Bibel und die „Stille Post“ 61
Der Irrtum von den verschiedenen Lesarten
12. Dichtung oder Wahrheit? 67
Der Irrtum vom Märchenbuch
13. Dr. Lukas und der verschwundene Politarch 71
Der archäologische Irrtum
14. Alles Zufall? Oder alles Plan? 77
Der Irrtum von den Zufallstreffern

Märchen und Irrtümer über die Auferstehung
15. Leiche spielen 85
Der Irrtum vom Scheintod
16. Blinde Kuh 91
Der Irrtum vom falschen Grab
17. Das große Versteckspiel 95
Der Irrtum vom gestohlenen Leichnam

Märchen und Irrtümer über Religion und Christentum
18. Des einen Zimmerdecke ist des anderen Fußboden ... 103
Der „Alles ist relativ“-Irrtum
19. Du bist O. K., ich bin O. K 107
Der Irrtum, wir seien doch alle kleine Sünderlein
20. Wir kommen alle, alle in den Himmel 113
Der Irrtum der Universalisten
21. Wichtig ist nicht, was du weißt,
sondern wen du kennst 117
Der Irrtum vom Christentum als einer Ideologie
22. Der Verstand ist an der Garderobe abzugeben 121
Der Irrtum der Intellektuellen
23. Justin und der Professor 127
Der Irrtum vom blinden Glauben
24. Abraham Lincoln und die Englischprüfung 133
Der Irrtum von der Unwissenschaftlichkeit
25. Die Grilltomate im Turnschuh 139
Der Irrtum von der Gehirnwäsche
26. „Richtige Christen zweifeln nicht!“ 145
Der Irrtum vom zweifelnden Thomas
27. Warum Topfpflanzen keine Gebete erhören 149
Der Irrtum, jeder könne nach seiner Fasson selig werden

28. Mehr Schein als Sein 153
Der „Elmer Gantry"-Irrtum
29. Das Versprechen der Schlange 157
Der Irrtum des New Age
30. Das habe ich nicht verdient! 161
Der Irrtum vom Anspruch auf Glück

Märchen und Irrtümer über das Leben und
unsere Vorstellung vom Glück
31. Der Zeitgeist lässt grüßen 167
Der Irrtum von der Konsumenten-Mentalität
32. Leo „Lippe" Durocher und die netten Jungs 171
Der Irrtum, die Netten seien immer die Verlierer
33. Von Yuppies, Punks und Skins 175
Der Irrtum der Superfrommen
34. Wann ist ein Mann ein Mann? 179
Der Irrtum von der Männlichkeit
35. Der freundliche Polizist 183
Der Irrtum vom Glück der Egoisten
36. Die Schöne ist das Biest 189
Der Irrtum von der ewigen Schönheit und Jugend
37. Alle tun's doch! 193
Der Irrtum der Konformisten
38. Kann denn Liebe Sünde sein? 197
Der Irrtum von den verklemmten Frommen
39. „Ich will endlich frei sein!" 201
Der Irrtum der Rebellen und Anarchisten
40. Sterne in deinen Augen 205
Der Irrtum von der Liebe auf den ersten Blick
41. Selbst ist der Mann 209
Der Irrtum von der Selbstbestimmung des Menschen
42. Zu Hause ist es am schönsten 213
Der Irrtum vom Himmel auf Erden

Buchempfehlungen 217

Dank

Wenn ein neues Buch von mir erscheint, dann ist es normalerweise der Zusammenarbeit und Hilfe zahlreicher Personen zu verdanken, denen ich mich persönlich verpflichtet fühle. Das vorliegende Buch bildet da keine Ausnahme. Ich danke Joey Paul von Word Publishing, der mich mit Bob Hostetler, meinem Co-Autor, bekannt machte. Ich danke Dave Bellis, der mit Bob dem Buch seine endgültige Form gab. Und vor allem danke ich Bob Hostetler selbst. Es war mir ein besonderes Vergnügen und Vorrecht, mit einem solch kreativen, begabten Mann wie Bob arbeiten zu dürfen. Sein Verständnis, sein Sinn für Humor und sein schriftstellerisches Talent haben mich tief beeindruckt, und ich hoffe, dass auch Du beim Lesen etwas davon spürst. Auch wenn das Buch ein Gemeinschaftswerk ist, so gebührt doch Bob der eigentliche Dank.

„Wir“ oder „Ich“?

Die persönlichen Beispiele in diesem Buch entstammen sowohl meiner eigenen als auch Bob Hostetlers Erfahrung. Damit es nicht zu kompliziert wird und das Buch sich leichter lesen lässt, haben wir jedoch darauf verzichtet, jeweils deutlich zu machen, um wessen Erlebnis es sich handelt, und uns durchgängig für die Schilderung in der „Ich“-Form entschieden.

Einleitung

Sie nannten ihn den Picasso, den Fälscher.

Er war der Beste. Sein Geschick im Herstellen von Falschgeld war legendär. Er hatte ein ganzes Jahr daran getüftelt, die besten Platten für den Druck neuer Blüten herzustellen.

Als er geschnappt wurde, forderte er die Beamten, die ihn festnahmen, heraus. Er legte eine seiner gefälschten 20-Dollar-Noten neben den Schein, dem er sie nachgebildet hatte. „Ich bitte Sie“, sagte er, „mir den Unterschied zwischen diesen beiden Noten zu erklären.“

Der Sachverständige der Kripo ließ sich auf keine Diskussionen ein. „Das ist nicht nötig“, meinte er. „Ihr angebliches Original ist auch eine Fälschung.“

Viele christliche Jugendliche erliegen heute demselben Fehler. Sorgfältig imitieren sie den Glauben ihrer Eltern. Sie übernehmen die Meinung ihrer Freunde. Sie verinnerlichen die Werte, welche die Gesellschaft ihnen vorlebt. Sie kopieren das Verhalten, dem sie in der Gemeinde begegnen. Dummerweise sind aber viele der Dinge, die sie imitieren, selbst Fälschungen, wie bei dem ertappten Geldfälscher.

Anne ist erstaunt über die Reaktionen, die ihr entgegenschlagen, als sie anregt, im Kurs über Weltliteratur die Bibel auf die Leseliste zu nehmen. „Das ist doch wohl nicht dein Ernst?“ sagen einige. „In der Bibel stehen sicher einige interessante Mythen und Legenden; aber erwarte nicht von uns, dass wir sie ernst nehmen.“

Die sechzehnjährige Sabrina übernimmt unreflektiert die heute gängige Ansicht: „Christen, Buddhisten, Moslems – das spielt doch keine große Rolle. Alle wollen doch in den Himmel. Sie wählen nur unterschiedliche Wege, um dorthin zu kommen.“

Wenn es um die Beziehung zwischen Jungen und Mädchen geht, dann argumentiert Chris wie alle anderen: „Du bist kein richtiger Mann, ehe du's nicht getan hast." Geschlechtsverkehr ist für ihn wie eine Aufnahmeprüfung, der Übergang vom Jungen zum Mann.

Stefanies Auftritt bei ihren Eltern zeigt etwas von ihrem Denken. „Ihr müsst mir doch nicht erzählen, was richtig ist und was falsch", beharrt sie. „Ich bin jetzt fast achtzehn. Mit euren Moralvorstellungen könnt ihr mir nicht mehr kommen! Weil etwas in euren Augen falsch ist, heißt das noch lange nicht, dass es auch für mich verkehrt ist."

Was ist also Wahrheit? Und was ist Irrtum? Von allen Seiten strömen die Meinungen und Einflüsse auf die Jugendlichen ein. Die Eltern sagen das eine; die Freunde in der Clique das genaue Gegenteil. Das Fernsehen predigt eine Botschaft; die Kirche eine andere. Manches davon stimmt; vieles nicht.

Darum geht es in diesem Buch. Die kurzen Kapitel greifen gängige Meinungen auf, die viele Menschen übernehmen, ohne selbst darüber nachzudenken, und untersuchen diese im Licht der Bibel. Es kann überraschen, erfreuen, manchmal aber auch Angst machen, zu entdecken, dass viele sehr ernsthaft vertretene Ansichten über Gott, die Religion und das Leben nichts anderes sind als Mythen und Irrtümer.

Jedes Kapitel schließt mit ein paar Fragen zum Nachdenken, die auf das im Kapitel Gesagte eingehen und von der Bibel her helfen wollen, zu einer eigenen, vertieften Erkenntnis zu kommen.

Die Autoren hoffen, dass für den Leser, wenn er sich mit den geschilderten Irrtümern auseinander gesetzt hat, gilt: *„Lasst Christus, den Herrn, die Mitte eures Lebens sein! Und wenn man euch nach eurer Hoffnung fragt, seid immer zur Rechenschaft bereit"* (1. Petrus 3,15). Und nicht nur das. Wir wünschen dem Leser, dass sein Glaube so gestärkt wird, dass er fähig ist, auch andere Lügen, die der Wahrheit von Gottes Wort widersprechen oder sie verdrehen, zu erkennen und sich ihnen entgegenzustellen.

Märchen und Irrtümer über Gott

1

Der himmlische Polizist

Der Irrtum vom großen Miesmacher

Viele Menschen stellen sich Gott als einen Polizisten vor, der in der Mitte der Milchstraße steht und den Verkehr regelt:

„Hallo, du! Ja, du! Du siehst aus, als würdest du dich gerade über etwas freuen. Hör gefälligst damit auf!"

„Und du da drüben, mit dem Video. Ist der Streifen überhaupt freigegeben? Rück ihn raus. Und zwar ein bisschen dalli!"

„Und wer ist dort hinten in der Ecke am Knutschen? Bist du das, Cindy? Und Robert? Hätte ich mir eigentlich denken können. Damit ist jetzt Schluss! Jedenfalls solange ich hier das Sagen habe."

Gott als der große Miesmacher. Wir wollen nur ein bisschen Spaß haben. Doch Gott gönnt uns das nicht.

Im Gegensatz dazu halten wir den Teufel für einen ziemlich lustigen Typ. Selbst die Werbung hat ihn inzwischen entdeckt und versucht, uns mit seiner Hilfe den neuesten Autotyp anzudrehen. Als ob der Teufel ein guter Kumpel wäre, dem alles daran liegt, dass wir uns ohne Ende amüsieren können.

Doch das ist ein Irrtum.

Dem Teufel ist es völlig egal, ob wir das Leben genießen oder nicht. Er schert sich gar nicht um solche Werte. Er will uns vielmehr in seine Gewalt bringen. Petrus sagt, der Teufel warte nur auf ein Opfer, „das er verschlingen kann“.

Ein Fremdenführer in Israel erklärte einmal einer Gruppe von Touristen: „In Ihrem Land haben Sie wahrscheinlich schon beobachtet, dass die Hirten *hinter* den Schafen hergehen und sie über die Felder und Straßen treiben. Bei uns ist das anders; der Hirte geht *vor* der Herde her und führt sie.“

Zur großen Erheiterung der Touristen wurde die erste Schafherde, der sie begegneten, getrieben und nicht geführt. Dem Führer war das überaus peinlich. Er fragte den Mann hinter der Herde: „Wieso treiben Sie die Tiere? Ich dachte immer, dass die Hirten im Orient ihre Schafe *führen?*“

„Das ist richtig“, antwortete der Mann. „Der Hirte führt seine Herde. Aber ich bin kein Hirte. Ich bin Metzger.“

Satan ist ein Metzger. Er hat kein Interesse daran, dich fröhlich oder glücklich zu machen. Er will dich verschlingen.

Jesus hat die Dinge zurechtgerückt und diese Illusion zerstört, als er sagte: *„Ein Dieb* (Satan) *kommt nur, um Schafe zu stehlen und zu schlachten und Verderben zu bringen. Ich bin gekommen, um ihnen Leben zu bringen und alles reichlich dazu“* (Johannes 10,10).

Dem Teufel ist es völlig egal, ob es uns gut geht. Er will stehlen, schlachten und umbringen.

Doch Gott will uns nicht den Spaß verderben. Er möchte, dass wir uns am Leben freuen und Leben im Überfluss haben. Er möchte, dass wir ein ausgefülltes und glückliches Leben führen, wie der Psalmist es sagt:

> *„Du wirst mir kundtun den Weg des Lebens; Fülle von Freuden ist vor deinem Angesicht, Lieblichkeiten in deiner Rechten immerdar“* (Psalm 16,11).

Workshop

So kannst du dem Irrtum vom großen Miesmacher und Spaßverderber besser begegnen:

Lies 1. Petrus 5,8. Wie wird Satan in diesem Vers dargestellt? Warum?

Lies Hiob 2,1-11. Was wünscht der Teufel Hiob? Warum?

Lies Sacharja 3,1. Was hat Satan mit Josua vor?

Lies Offenbarung 12,10. Dieser Vers spricht von Satan. Was tut er „Tag und Nacht"? Lies noch einmal die Verse aus Hiob und Sacharja. Wer ist deiner Meinung nach mit „unseren Brüdern" gemeint? Gehörst du dazu?

2

Der Luke-Skywalker-Gott

Der Irrtum von der unpersönlichen Macht

Luke Skywalker konnte den Sandmenschen entrinnen und steht nun in der spartanischen Behausung von Obi-Wan Kenobi auf dem Planeten Tatooine. Luke hat gerade erfahren, dass Obi-Wan ein Jediritter ist, der im Klon-Krieg zusammen mit Lukes Vater kämpfte. Obi-Wan gibt ihm ein Laserschwert, das einmal Lukes Vater gehörte, und im Lauf des Gesprächs erwähnt er auch „die Macht".

„Die Macht?" fragt Luke.

Obi-Wan erwidert: „Ja, die Macht gibt dem Jedi seine Kraft. Sie ist ein Energiefeld, das aus allen lebendigen Dingen gebildet wird. Sie umgibt uns und durchdringt uns. Sie hält das ganze All zusammen."

Die Vorstellung einer unpersönlichen, kosmischen Macht, die in den Star-Wars-Filmen immer wieder auftaucht, ist uns nicht unbekannt. Deshalb stellen sich viele Menschen Gott als solch eine „Kraft" vor; eine gesichtslose, formlose „Energie", eine unpersönliche „Macht", die das gesamte Universum geheimnisvoll umgibt und lenkt.

Doch das ist ein Irrtum.

Sicher, Gott lenkt und umgibt das ganze Universum. Er ist überall gegenwärtig. Er ist Geist. Doch er ist keine geheimnisvolle

„Kraft", keine flüchtige „Energie", die „irgendwo da draußen" herumschwebt. Er ist kein „Ding", kein „Es". Das Erstaunliche an Gott ist, dass er ein persönlicher Gott ist.

„Ich liebe, die mich lieben", sagt er, *„und die mich suchen, finden mich"* (Sprüche 8,17). Achten wir nur einmal darauf, wie viele Personalpronomen Gott benützt, wenn er von sich selbst spricht: „Ich ... mich ... mich ... mich." Klingt das nach einer kosmischen Energie?

Weit davon entfernt, als eine unpersönliche Macht dargestellt zu werden, wird Gott in der Bibel als „der Gott Abrahams, Isaaks und Jakobs" geschildert. Er nannte Mose seinen Namen. Er offenbarte sich dem jungen Samuel. Er sprach im Tempel zu Jesaja. Er erklärte Jeremia: *„Ich kannte dich, ehe ich dich im Mutterleib bereitete"* (Jeremia 1,5). Der Apostel Paulus nannte ihn „meinen Gott". König David bezeichnete ihn als einen „Vater der Waisen und Helfer der Witwen". Und alle Christen haben einen „kindlichen Geist" empfangen, damit wir ihn „Abba, lieber Vater" nennen können (Römer 8,15).

Gott, der wahre Gott, ist an dir persönlich interessiert. Er kennt dich mit Namen. *„Siehe"*, sagt er zu seinem Volk, *„in die Hände habe ich dich gezeichnet"* (Jesaja 49,16). „Er sorgt für euch", sagt der Apostel Petrus (1. Petrus 5,7). Jesus sagt, dass selbst unsere Haare alle gezählt sind (Matthäus 10,30). Und Gott verspricht uns: *„Ihr werdet mich anrufen und hingehen und mich bitten, und ich will euch erhören. Ihr werdet mich suchen und finden; denn wenn ihr mich von ganzem Herzen suchen werdet, so will ich mich von euch finden lassen"* (Jeremia 29,12-14). Dieses Versprechen darfst du ganz persönlich nehmen.

Workshop

So kannst du dem Irrtum von der unpersönlichen Macht besser begegnen:

Lies Jeremia 29,12-14 aus dem letzten Abschnitt dieses Kapitels. Streiche jedes Personalpronomen an.

Lies noch einmal den ob zitierten Vers aus Jeremia 1 und unterstreiche alle Personalpronomen.

Lies den Abschnitt über Moses Begegnung mit Gott in 2. Mose 3,1-15. Wie bezeichnet Gott sich Mose gegenüber in Vers 6? Mit welchem Namen stellt er sich in Vers 14 vor? Wie oft gebraucht Gott das Wort „Ich“ in diesem Abschnitt?

(Notiere die Antwort hier: . . . . Mal.)

GLÜCK
ERFOLG
LIEBE
AUTO
FAMILIE
GELD
GESUND
HEIT
HAUS

3

Der Automaten-Gott

Der Irrtum vom Weihnachtsmann

„Okay, Gott, ich gebe dir eine Chance, mir zu beweisen, dass es dich gibt."

Micha kniete vor seinem Bett. Er war sieben Jahre alt und fest entschlossen, an Gott zu glauben. Darum beugte er seinen widerspenstigen Rotschopf über die gefalteten Hände und betete weiter.

„Ich möchte wirklich an dich glauben, Gott. Wenn ich morgen früh beim Aufwachen eine Million Mark unter meinem Bett finde, dann weiß ich, dass es dich gibt, und werde nie wieder an dir zweifeln."

Die Million war am nächsten Morgen nicht da.

Vielleicht lag dies daran, dass es Micha letztlich mehr um das Geld ging als um Gott. Vielleicht bekam er das Geld auch deshalb nicht – er wollte es in 10-DM-Scheinen –, weil neben dem Monopolyspiel, dem Gameboy, dem Walkman, der schmutzigen Wäsche und den Staubflocken unter dem Bett gar kein Platz mehr war.

Doch vermutlich lag es eher daran, dass er eine falsche Vorstellung von Gott hatte. Micha stellte sich Gott vor wie einen Automaten: Du schiebst ein Gebet ein, drückst den richtigen Knopf, und unten kommt heraus, was du dir gewünscht hast. In seinen Augen war Gott eine Art Weihnachtsmann, der in den endlosen Weiten des Alls darauf wartete, die Wünsche auf seinem Wunschzettel zu erfüllen. Wenn er nur inbrünstig genug betete und fest genug glaubte, dann würde Gott all das vom Himmel fallen lassen, was sich das Herz eines Siebenjährigen wünschen konnte.

Bei einem Kind ist solch eine Haltung noch verständlich. Leider nehmen aber viele Menschen die Vorstellung von Gott als einem himmlischen Automaten mit in ihr Erwachsenenleben. Sie kommen in ihrem Verständnis von Gott nie über das Bild des Weihnachtsmanns heraus.

Gott erhört unsere Gebete gern. Er sagt: *„Rufe mich an, so will ich dir antworten"* (Jeremia 33,3). Er verspricht sogar: *„Ehe sie rufen, will ich antworten; wenn sie noch reden, will ich hören"* (Jesaja 65,24).

Doch das Gebet ist keine Münze, die man oben in einen Automaten einschiebt. Und der Glaube ist kein Knopf, den man einfach drücken muss. Gott unterwirft sich nicht unseren Launen und Wünschen. Ganz egal, wie inständig der siebenjährige Micha für seine Million betete; ganz egal, wie fest er auch glaubte: Er konnte sie am nächsten Morgen nicht unter seinem Bett finden. Nicht, weil Gott ihn nicht liebte. Nicht, weil Gott Gebete nicht erhört. Auch nicht, weil unter dem Bett vielleicht kein Platz mehr war. Die Million Mark würde nie kommen, weil Micha eigentlich gar nicht betete – er hatte vielmehr einen Wunsch geäußert.

Im Gegensatz zum Irrtum vom Weihnachtsmann ist Gott kein himmlischer Automat, aus dem wir Geschenke und Vergünstigungen ziehen können. Er durchschaut unsere egozentrischen Wünsche. Er ist der Allmächtige, die fleischgewordene Liebe. Er sehnt sich danach, dass seine Kinder die Liebe; mit der er sie überhäuft, erwidern. Er möchte, dass wir ihn lieben, und nicht irgendwelche Dinge. Er möchte, dass wir *ihn* suchen, und nicht irgendwelche Antworten auf unsere unbescheidenen Gebete. Er möchte, dass wir ihm gehorchen. Nicht, weil wir dann vielleicht eine Million bekommen, sondern weil wir ihn lieben und ihm gefallen wollen.

Wenn wir ihn jedoch besser kennen lernen und über die Vorstellung eines Superautomaten zur Erfüllung unserer Wünsche herauskommen, dann verspricht uns sein Wort, dass wir *„uns voller Zuversicht an Gott wenden (können) und alles bekommen (werden), was wir von ihm erbitten, denn wir halten ja seine Gebote und tun, was ihm gefällt"* (1. Johannes 3,21 und 22).

Workshop

So kannst du dem Irrtum vom Weihnachtsmann besser begegnen:

In jedem der folgenden Verse findet sich eine Bedingung für erhörtes Gebet, die man in einem Wort zusammenfassen kann. Schreib das Wort auf die freie Linie:

2. Chronik 7,14: ....

Jeremia 29,13: ....

Markus 11,24: ....

Jakobus 5,16: ....

1. Johannes 5,14: ....

Märchen und Irrtümer über Jesus

ABC DES LEBEN
- LEBE SO UND
WERDE GLÜCK
-

4

Jesus, Zarathustra, Mohammed

Der Irrtum vom großen Lehrer

„Teufel und Unterteufel, ich bitte um Ruhe!"

Eine unheilige Versammlung gefallener Engel nahm im gewölbten Konferenzraum von Untererde ihren Anfang.

„Der Böse selbst hat die heutige Sitzung einberufen. Wir wollen über eine neue Strategie entscheiden, wie die Menschen davon abgehalten werden können, sich dem Feind zuzuwenden. Toescum hat einen entsprechenden Vorschlag unterbreitet."

Ein hässlicher, warzengesichtiger Teufel erhob sich in der ersten Reihe und wandte sich der teuflischen Versammlung zu.

„Meine verabscheuten Kollegen", begann er. „Ich schlage vor, dass unsere Sterne der Finsternis, die für alle Kulte, „Ismen und die organisierten Religionen auf der Erde zuständig sind, die Lehre verbreiten, der Sohn des Feindes sei ein ‚großer Lehrer' gewesen."

„Verflucht, Toescum!" Ein Teufel zu Toescums Rechten spie aus Protest auf den Boden und erhob sich auf seine Hufe. „Du solltest der Versammlung wegen versuchter freundlicher Behandlung des Feindessohns zum Fraß vorgeworfen werden!" Einige Dämonen leckten sich bereits die verkrusteten Lippen.

„Du Trottel!" erwiderte Toescum. „Ich schlage keine freundliche Behandlung vor." Er reckte sich stolz. „Mein Vorschlag ist wahrhaft teuflischer Natur."

Ein anderer Teufel erhob sich.

„Wie kannst du solch eine einfältige Idee ‚teuflisch' nennen?"

„Weil", entgegnete er, „die Bezeichnung ‚großer Lehrer' ihn auf dieselbe Stufe stellen wird wie Mose, Zarathustra, Mohammed und die anderen ... Sie wird ihn zu Lob und Anerkennung verdammen."

Schweigen senkte sich über die Menge, während ihr die Bedeutung von Toescums Vorschlag langsam dämmerte.

„Seht ihr das denn nicht, ihr Schwachköpfe? Wenn die Menschen glauben, er sei ein ‚großer Lehrer', dann brauchen sie sich nicht mehr mit seinem Anspruch auf Herrschaft und Göttlichkeit auseinanderzusetzen."

„Nein", meinte ein Teufel mit Namen Gallgift. „Darauf werden sie nie hereinfallen! Er hat ja selbst deutlich genug gesagt, wer er ist."

„Gallgift hat recht", sagte ein anderer. „Die Menschen haben das Buch. Sie wissen, dass er selbst gesagt hat: ‚Ehe Abraham war, war ich.' Und sie haben seine Worte über die Herrlichkeit, in der er beim Vater war, ehe die Welt begann."

„Ja, du Idiot", ergänzte Gallgift. „Sie wissen, dass er sagte, er könne das Herz und die Gedanken der Menschen lesen und Sünden vergeben. Sie haben sein Wort: ‚Ich bin vom Himmel herabgekommen.' Sie wissen, dass er für sich die Macht beanspruchte, vom Tode aufzuerstehen, und dass es Zeugen gab, die seine Auferstehung bestätigten. Sie sind nicht so blöd zu glauben, ein einfacher Mensch, ein ‚großer Lehrer' könnte so etwas tun."

„Und", schloss er mit Bestimmtheit, „sie werden erkennen, dass er, wenn all diese Dinge, die er von sich selbst behauptete, nicht stimmen, kein ‚großer Lehrer' wäre. Dann wäre er ein Lügner oder ein Geisteskranker."

Im Saal erhob sich ein Murmeln. Einige der Dämonen in Toescums Nähe leckten sich schon wieder die Lippen und musterten ihn mit hungrigen Blicken. Doch er schien davon unberührt.

„Ich muss meine verachteten Kollegen an die Neigung des

Menschen erinnern, die uns so häufige Erfolge beschert. Die Sterblichen entscheiden sich oft für die Lüge, selbst wenn sie die Wahrheit kennen. Der Sohn des Feindes hat es in einer seiner Geschichten selbst einmal gesagt: ‚Hören sie Mose und die Propheten nicht, so werden sie sich auch nicht überzeugen lassen, wenn jemand von den Toten auferstünde.'"

Toescums Lippen lösten sich zu einem höhnischen Lächeln, und er nahm wieder Platz. Die hungrigen Dämonen wechselten enttäuschte Blicke.

„Toescums Vorschlag", donnerte der Vorsitzende, „findet die Zustimmung des Dämonischen Rates. Die Verbreitung des ‚Irrtum vom großen Lehrer' wird mit sofortiger Wirkung zur offiziellen Strategie der Hölle erklärt."

Workshop

So kannst du dem Irrtum vom großen Lehrer besser begegnen:

Ordne den folgenden Bibelstellen die entsprechenden Aussagen Jesu zu:

A. Matthäus 5,17	„Niemand nimmt es mir, sondern ich gebe es freiwillig her. Ich habe die Macht, es zu geben und die Macht, es wieder an mich zu nehmen."
B. Matthäus 12,8	„Ich habe euch alles vorausgesagt."
C. Matthäus 24,30	„Amen, ich versichere euch: Wer sich nach meinen Worten richtet, wird niemals sterben."
D. Markus 2,10	„Dann werden sie den Menschensohn mit großer Macht und Herrlichkeit von den Wolken her kommen sehen."

E.	Markus 13,23	„Denn der Menschensohn ist Herr über den Sabbat.“
F.	Lukas 12,9	„Da riefen sie alle: Dann bist du also der Sohn Gottes? – Ihr sagt es, erwiderte er, ich bin es.“
G.	Lukas 22,70	„Denn wie der Vater die Toten zum Leben erweckt, gibt auch der Sohn das Leben, wem er will.“
H.	Johannes 4,25-26	„Wer mich aber vor den Menschen nicht kennen will, den wird auch niemand vor den Gerichtsengeln Gottes kennen.“
I.	Johannes 5,21	„Ich bin die Auferstehung und das Leben. Wer an mich glaubt, wird leben, auch wenn er stirbt.“
J.	Johannes 8,51	„Doch ihr sollt wissen, dass der Menschensohn die Vollmacht hat, hier auf der Erde Sünden zu vergeben.“
K.	Johannes 10,18	„Ich bin gekommen, das Gesetz zu erfüllen.“
L.	Johannes 11,25	„Ich weiß, dass der Messias kommt!“, sagte die Frau ... Da sagte Jesus zu ihr: „Du sprichst mit ihm; ich bin es.“

5

Der geteilte Jesus

Der Irrtum vom Superstar

Als Andrew Lloyd Webbers Rockoper „Jesus Christ Superstar" in den siebziger Jahren auf die Bühne kam, reichten die Reaktionen von „Blasphemie" bis „absolut phantastisch". Im Stück singt Maria Magdalena ein Lied über Jesus *(I Don't Know How to Love Him),* das zu einem Hit wurde.

Abgesehen davon, dass Maria Magdalena als eine Frau dargestellt wird, die in Jesus verliebt war (wofür es in der Bibel keinen Hinweis gibt), enthält das Lied eine Zeile, die einen sehr weit verbreiteten Irrtum über Jesus zum Ausdruck bringt. Maria singt: „Er ist ein Mann / Ist nur ein Mann."

Das ist ein Irrtum.

Jesus war ein Mann. Er wurde als Mensch in einem Stall zwischen Tieren geboren. Der Geruch von Mist und Stroh gehörte zu den ersten Eindrücken, denen seine Sinne ausgesetzt waren.

Doch entgegen allen Märchen vom Superstar war das nicht alles. Die Bibel beschreibt die doppelte Natur Jesu sehr deutlich. *„Er war wie Gott und hielt es nicht gewaltsam fest, Gott gleich zu sein. Er legte alles ab und wurde einem Sklaven gleich. Er wurde Mensch, und alle sahen ihn als Menschen"* (Philipper 2,6 und 7).

Seit Jahrhunderten ringen die Menschen darum, diese doppelte Natur Jesu zu begreifen. Manche Christen (und

Nichtchristen wie der Komponist Andrew Lloyd Webber) betonen seine menschliche Seite so sehr, dass sie seine Göttlichkeit abschwächen. Andere fallen ins entgegengesetzte Extrem. Die Folge ist, dass viele Menschen ein einseitiges Bild von Jesus haben. Doch Gottes Wort ist eindeutig. Er ist „Gott mit uns" (Matthäus 1,23). Gleichzeitig ist er aber auch in jeder Hinsicht „der Mensch Christus Jesus" (1. Timotheus 2,5).

In den Märchen aus *1001 Nacht* findet sich die Geschichte des Kalifen von Bagdad, der als Bauer verkleidet durch die Straßen seiner Stadt ging, um aus erster Hand zu erfahren, wie seine Untertanen lebten. Jesus tat viel mehr als der Kalif. Er verbarg seine Königswürde nicht nur kurzfristig unter einem Bauerngewand. Trotz seiner Göttlichkeit nahm er menschliche Gestalt an und begab sich auf unsere Ebene.

Johannes, einer der Jünger Jesu, der mit ihm über die staubigen Straßen Palästinas zog, mit ihm die spärlichen Mahlzeiten aus Fisch und Brot teilte, schrieb über den, welchen er als Menschen kannte:

> *„Am Anfang war das Wort. Das Wort war bei Gott, ja das Wort war Gott"* (Johannes 1,1).

Und er lässt in der berühmten Einleitung zu seinem Evangelium keinen Zweifel daran, wen er mit dem „Wort" meint:

> *„Er, das Wort* (Jesus), *wurde Mensch und lebte unter uns. Wir haben seine Herrlichkeit gesehen, eine Herrlichkeit voller Gnade und Wahrheit, wie sie nur der einzigartige Sohn vom Vater bekommen hat"* (Johannes 1,14).

Workshop

So kannst du dem Irrtum vom Superstar besser begegnen:

Jesus und seine Jünger waren Juden. In ihrem Volk gab es klare Bestimmungen darüber, wer der menschlichen Anbetung würdig war. Lies die folgenden Bibelstellen und schreib auf die freie Linie, wer jeweils als Objekt der Anbetung genannt wird.

2. Mose 20,3: ....

5. Mose 6,14 und 15: ....

Lukas 4,8: ....

Nun lies die folgenden Verse und gib an, wer hier als Objekt der Anbetung genannt wird.

Matthäus 2, 2 und 11: ....

Matthäus 28,17: ....

Hebräer 1,6: ....

Die Bibel macht es ganz deutlich, dass allein Gott angebetet werden darf. Was können wir dann aus den oben angegebenen Versen über Jesus schließen?

6

Jesus, der Softie

Der Irrtum vom „lieben, lieben Jesuskind"

Wenn du denkst, Jesus sei so verweichlicht, sanft und mild gewesen, wie manche Künstler ihn dargestellt haben, dann irrst du dich gewaltig.

Es stimmt zwar, dass er ein Poet war, der in wunderschönen Bildern von den Vögeln am Himmel und den Lilien auf dem Felde sprechen konnte. Es stimmt, dass er ein geselliger Geschichtenerzähler war, der anschaulich von Frauen beim Brotbacken oder Fischern beim Einholen ihrer Netze erzählen konnte. Es stimmt, dass er auch der sanfte Nazarener war, der kleine Kinder auf den Schoß nahm und mit ihnen spielte und lachte. Er war gleichermaßen der stumme Gefangene, der in völliger Freiheit vor Königen stand und sich die wüstesten Beschimpfungen anhörte, ohne ein Wort zu erwidern. Aber Jesus war dennoch ein richtiger Mann. Ein Zimmermann mit Schwielen an den Händen. Ein Mann, der es gewohnt war, lange Zeit in der Wüste zu verbringen. Ein Mann, der unerschrocken den Mund aufmachte und die Herrschenden seiner Zeit anklagte, sie „übertünchte Gräber", „blinde Blindenführer" und „Schlangen" nannte.

Der Lehrer und Theologe J. B. Phillips sagte dazu: „Warum hat man dieses Wort ‚mild' auf Jesus angewandt? Kann man mit so einem Wort einen Menschen beschreiben, der nicht zögerte, die Heucheleien der religiösen Aktivisten seiner Zeit herauszufordern und bloßzustellen; einen Menschen von solcher Persönlichkeit, dass er unversehrt durch eine blutdürstige Menge hindurch schreiten konnte; einen Menschen, den die Behörden als öffentliche Gefahr brandmarkten; einen Menschen von solcher Entschlossenheit, dass er, trotz der ernsten Bitten gut meinender Freunde, gelassen den Weg einschlug, von dessen tödlichem Ende er wusste?“

Die gängige Vorstellung, Jesus sei sanft, sentimental und verweichlicht gewesen, ist ein Irrtum. Er war zwar freundlich und demütig. Doch er war es nicht, weil er nicht stark sein konnte, sondern vielmehr, weil er auch seine Stärke unter Kontrolle hatte.

Die Evangelien berichten, dass Jesus in den Tempel von Jerusalem stürmte (vielleicht sogar mehr als einmal), um die Händler und Geldwechsler, die dort ihre krummen Geschäfte trieben, eigenhändig fortzujagen. Nicht *einer* wagte es, zu protestieren oder sich der Glut seines gerechten Zorns zu widersetzen. Mehr noch: Obwohl er damit etwas tat, wofür jeder andere, hätte er es versucht, hart bestraft worden wäre, blieb er anschließend im Tempel. Und zwar nicht nur, um zu predigen, sondern, wie Markus berichtet, um die Geldwechsler daran zu hindern zurückzukommen. Mit dem Bösen ging Jesus durchaus nicht milde um. Auf Heuchelei reagierte er alles andere als sanft. Er lächelte nicht über Bosheit und Schlechtigkeit.

Sicher, Jesus war ein Mann, der auch die Kinder auf den Schoß nahm und sich dabei wohlfühlte. Doch er war auch ein Mann, der sich gegenüber seinen Feinden durchsetzte.

Workshop

So kannst du dem Irrtum vom „ach so lieben Jesuskind“ besser begegnen:

Lies Lukas 13,31-33. Wie reagiert Jesus auf die Bedrohung seines Lebens? Mit welchem Wort bezeichnet er Herodes? Zeigt dieser Abschnitt etwas über Jesu Charakterstärke?

Lies Matthäus 23,1-39. Achte einmal darauf, mit welchem Ernst Jesus von den Pharisäern und Schriftgelehrten spricht. Mit welchen Worten beschreibt er sie?

Vers 13: ....

Vers 16: ....

Vers 17: ....

Vers 19: ....

Vers 33: ....

7

Jesus und die Mainzelmännchen

Der Irrtum von der Weltfremdheit

„Jetzt hören Sie mir mal zu", sagte der Mann in der Werkstatt und fuchtelte mir mit dem Schraubenzieher vor dem Gesicht herum. „Sie können mir doch nicht erzählen, dass irgend so ein Typ, der vor zweitausend Jahren in einem weißen Gewand durch den Orient lief und Geschichten erzählte, für mich heute noch von irgendwelcher Bedeutung ist." Er machte eine weit ausholende Bewegung und zeigte auf die Werkstatt und die aufgebockten Autos.

„Ich hab keine Zeit", fuhr er fort. „Ich meine, diese Geschichten von Jesus mögen für manche Leute ja ganz gut sein; Frauen und Kinder, denen gefällt das vielleicht, und es hilft ihnen sogar – aber für mich? Glaube ich nicht. Was hat dieser Jesus schon mit einem zu tun, der im einen Auto die Zündung richtig einstellen und im anderen den ganzen Motor auswechseln muss?"

So wie dieser Monteur denken heute viele über Jesus. Sie sehen ihn als eine lächelnde, weißgekleidete Gestalt mit einem Heiligenschein, wie er früher auf den Sonntagsschulbildchen dargestellt wurde. „Jesus ist schon okay", sagen sie, „für Leute, die mit dem Kopf in den Wolken schweben. Aber was soll jemand, der Physik studiert oder der in der Fabrik arbeitet oder dessen Kind eine Zahnspange braucht, mit dem schon anfangen?" Für sie hat Jesus mit dem wirklichen Leben in der modernen Welt etwa so viel zu tun wie die Mainzelmännchen.

Doch das ist ein Irrtum.

Die Gründer einiger nichtchristlicher Religionen, wie etwa des Buddhismus oder des Konfuzianismus, lebten zwar ein meditatives und etwas abgehobenes Leben.

Doch Jesus war ein arbeitender Mensch. Er war gelernter Zimmermann. Ich sehe ihn vor mir, wie er in seiner Werkstatt steht. Zur staubigen Straße hin ist sie offen. Über der Tür hängt ein Schild: „Jesus ben Josef, Zimmermann". Ich stelle mir vor, wie er sich über das Zedernbrett beugt, das an der Werkbank festgeklemmt ist. Er hat eine Lederschürze umgebunden; der Schweiß läuft ihm übers Gesicht. Er greift nach dem Messer, dann nach dem Hammer. Die Werkstatt ist erfüllt von dem Duft der Zedern- und Zypressenspäne, die den Boden bedecken.

Jesus von Nazareth hat achtzehn Jahre oder vielleicht noch mehr als Zimmermann gearbeitet. Er hatte Muskeln an den Armen und Schwielen an den Händen. Er kannte sich mit den Geschäftsabläufen aus. Es mussten Kostenvoranschläge gemacht, Bestellungen aufgenommen und Preise kalkuliert werden.

Jesus kannte auch die Anforderungen des Familienlebens. Er hatte jüngere Geschwister, für die er, nach Josephs Tod, die Verantwortung trug. Er wusste bestimmt, was es bedeutet, Kleidung für die Kinder zu besorgen oder auf dem Markt mit den Händlern angemessene Preise auszuhandeln.

Jesus von Nazareth war kein Bilderbuchheiliger. Seine Welt war, genau wie unsere, steinig und oft auch muffig. Er machte sich die Hände schmutzig. Oft schlief er auf der Erde. Und als sein Leben zu Ende ging, erlitt er einen unendlich schmerzhaften, blutigen Tod. Der große Unterschied zwischen unserem Leben und dem Leben Jesu besteht jedoch darin, dass sein Leben und sein Sterben „allen, die an ihn glauben" Vergebung und Erlösung bringen (Johannes 3,16).

Workshop

So kannst du dem Irrtum von der Weltfremdheit besser begegnen:

Lies Markus 6,1-6. Wie kannten die Menschen in seiner Heimatstadt Nazareth Jesus? Als

- Asket?
- meditierenden Weisen?
- durchgeistigten Mönch?
- Arbeiter?

Beachte auch die Erwähnung (ebenso wie in Matthäus 13,53-58) seiner Geschwister. Warum müssen sie jünger gewesen sein als er? Gibt es in diesen Versen noch andere Hinweise darauf, dass sie jünger waren als Jesus und noch zu Hause wohnten?

8

Jesus, der pfirsichfarbene Weiße

Der Irrtum von der bevorzugten Rasse

Die meisten Europäer und Amerikaner stellen sich Jesus vor wie die Filmstars Charlton Heston oder William Defoe. Braune Haare, braune Augen, gut aussehend. Und natürlich ist er hellhäutig wie wir; europäischer Typ. Vielleicht sonnengebräunt, aber auf jeden Fall weiß. Die Art „weiß", wie man sie in New York trifft, oder in Paris, London und München.

Doch das ist ein Irrtum.

Viele Menschen und Bewegungen haben dazu beigetragen, diesen Irrtum zu verbreiten. Der Ku-Klux-Klan beispielsweise predigt unter anderem die Vorherrschaft der weißen, protestantischen Menschen über die Schwarzen und die Juden. Und viele seiner Anhänger meinen, Jesus müsse auf ihrer Seite sein, weil er weiß gewesen sei wie sie.

Auch Hitlers Nationalsozialismus benutzte diesen Irrtum, um die Massen gegen die Juden aufzuhetzen. Das „Nazi-Evangelium" verkündete die Vorherrschaft des weißen Ariertums. Und auch seine Anhänger behaupteten, Jesus sei auf ihrer Seite. Schließlich war er ja weiß, oder etwa nicht?

Die Kreuzzüge, die Inquisition, die Pogrome im zaristischen Russland, der Verkauf von Sklaven in die Neue Welt – der Rassen-Irrtum hat zu vielen der grässlichsten Verbrechen und Grausamkeiten der Geschichte beigetragen.

Und er lebt auch heute noch. Die Menschen stellen sich Jesus immer noch als indogermanischen Erlöser vor. Sie malen ihn in rosa- und pfirsichfarbenen Tönen. Sie schreiben ihm das Aussehen, den sozialen Status und die Gebräuche zu, die sie sich vor ihrem Hintergrund vorstellen können. Doch Jesus war weder weiß noch ein Angehöriger der Mittelklasse.

Aller Wahrscheinlichkeit nach war Jesus viel dunkler als der durchschnittliche Europäer oder Nordamerikaner. Er wurde als Jude geboren, er lebte als Jude, und während seines ganzen Lebens blieb er Jude. Sein dunkelhäutiges Aussehen kam vermutlich so richtig zur Geltung, als er neben Pilatus, dem hellhäutigen Römer stand.

Doch obwohl Jesus die Bühne der Menschheit an einem ganz bestimmten Ort und zu einem ganz bestimmten Zeitpunkt der Geschichte betrat und bestimmte rassische Merkmale aufwies (die viel weniger europäisch oder amerikanisch waren, als wir glauben wollen), überwand er in einem umfassenderen Sinn sämtliche Rassenschranken:

Er war Jude – doch er konnte sich offen und respektvoll mit einer samaritischen Frau unterhalten.

Die jüdischen Bräuche verboten es Jesus (als einem Juden), das Haus eines Heiden zu betreten. Doch als ein römischer Hauptmann ihn um Hilfe für seinen Diener bat, der krank zu Hause lag, erwiderte Jesus: „Ich will kommen und ihn gesund machen."

Als eine kanaanitische Frau ihm nachlief (die Kanaaniter waren seit jeher Feinde des jüdischen Volkes), lobte Jesus ihren Glauben und heilte ihre Tochter.

Auf der anderen Seite wurde er selbst Opfer rassischer Vorurteile. Bei einer Reise durch Samaria wollten die Samariter ihn nicht aufnehmen, weil sie in ihm einen Juden sahen, der auf dem Weg nach Jerusalem war.

Die Gesellschaft, in die Jesus als Mensch hineingeboren wurde, kannte vor allem drei Kategorien, nach denen sie die Menschen einteilte. Die Rechte, die Privilegien und der Status wurden durch die Rasse (Jude oder Heide), die Klasse (Sklave oder Freier) und das Geschlecht (Mann oder Frau) bestimmt. Die gute Nachricht, die Jesus brachte, bedeutete eine radikale Abkehr von den bisherigen Vorurteilen. Paulus fasste das in seinem Brief an die Galater zusammen: *„Denn durch den Glauben an Jesus Christus seid ihr mündige Kinder Gottes geworden. Denn ihr alle, die ihr auf Christus getauft wurdet, habt euch mit Christus bekleidet. Da gibt es keine Juden oder Nichtjuden mehr, Sklaven oder Freie, Männer oder Frauen, denn in Christus seid ihr alle zu Einem geworden"* (Galater 3,26-28).

Wer Jesus nachfolgt, muss ihm ähnlich werden. Nicht, was die Hautfarbe oder andere rassische Merkmale angeht, sondern darin, dass auch er die Menschen unabhängig von ihrem Geschlecht, ihrem gesellschaftlichen Status oder ihrer Rasse annimmt und liebt.

Workshop

So kannst du dem Irrtum von der bevorzugten Rasse besser begegnen:

Die folgenden Verse nehmen Bezug auf Ereignisse oder Bibelstellen, die im obigen Kapitel zitiert wurden. Lies jede Bibelstelle, fasse sie in einem kurzen Satz zusammen und ordne die Nummer der Bibelstelle dem entsprechenden Abschnitt im Buchtext zu.

1. Lukas 9,51-56: ....

2. Johannes 4,1-26: ....

3. Galater 3,26-28: ....

4. Matthäus 8,5-13: ....

5. Matthäus 15,21-28: ....

Märchen und Irrtümer über die Bibel

BUDDHISMUS
KLASSIKER
NEW AGE
Lyrik
SAGEN UND LEGENDEN
TAOISMUS
Zum Glück
Hinduismus
Talmud
Baghwan
Bibel
BAHAI
Dalai Lama
KORAN
EDDA
Weisheit der Welt
KONFUZIUS
WELTLITERATUR
MÄRCHEN
Shintoismus

9

Interessanter als Homer und Goethe

Der Irrtum von der Bibel als einem bedeutenden Werk der Weltliteratur

Du hast es auch schon gehört. Und wahrscheinlich nicht nur einmal. In ziemlich genau dem Ton, den die Leute annehmen, wenn sie mit einem Behinderten reden:

„Ach, du liest noch in der Bibel?“

Ein anderes Mal tätschelt dich jemand wie einen kleinen Hund und sagt: „Doch, doch, die Bibel ist schon in Ordnung. Sie ist sicherlich interessanter als die *Ilias* oder die *Odyssee.*“

Und hin und wieder triffst du auf den Lehrer oder Professor, der damit prahlt, dass er eine alte Lutherbibel im Regal stehen hat, etwas angestaubt vielleicht und kaum benutzt, aber auf jeden Fall steht sie da, neben Platos *Staat*, Vergils *Äneis* und Goethes *Gesammelten Werken*. Schließlich gehört sie zu den großen Werken der Weltliteratur.

Doch das ist ein Irrtum.

Die Bibel ist nicht *ein* großes Werk der Weltliteratur. Sie ist das eine, das einzige. Wenn dein Deutschlehrer sie mit anderen, gleichrangigen Büchern in dasselbe Regal stellen will, dann sag ihm, er solle besser gleich ein neues Regal kaufen. Und die Bibel gehört auf das oberste Brett, ganz allein. Die Bibel ist einzigartig.

In seinem Buch *All About the Bible* (Alles über die Bibel) zitiert Sidney Collett Professor M. Montiero-Williams, der sich

42 Jahre lang mit dem Studium orientalischer Schriften befasst hat. Er sagte: „Staple diese Werke, wenn du willst, auf der linken Seite deines Schreibtisches auf, aber leg deine eigene Bibel auf die rechte Seite. Ganz allein, nur sie – und lass dazwischen eine große Lücke. Denn zwischen ihr und den so genannten heiligen Büchern des Ostens besteht eine große Kluft, die beide auf immer und ewig und unwiderruflich voneinander trennt ... eine Kluft, die nicht zu überbrücken ist."

Die Bibel ist ein wahres Wunder literarischen Schaffens. Manche Autoren brauchen ein ganzes Leben, um ein Buch zu schreiben – die Bibel wurde über einen Zeitraum von ungefähr 1600 Jahren zusammengetragen. An manchen Büchern wirken verschiedene Herausgeber mit – die Bibel ist das Werk von über vierzig Autoren aus allen Lebensbereichen, darunter Könige, Bauern, Philosophen, Fischer, Dichter, Politiker und Gelehrte. Manche Teile der Bibel wurden in der Wüste geschrieben, andere im Kerker, in Palästen, im Exil, im Krieg und auch im Frieden.

Die Bibel wurde auf drei Kontinenten und in drei Sprachen geschrieben und äußert sich zu Hunderten von strittigen Fragen. Sie enthält zarte Poesie ebenso wie detaillierte geschichtliche Beschreibungen, fesselnde Biographien, Briefe, Memoiren und prophetische Schriften. Dennoch zieht sich durch dieses verblüffend vielfältige Buch hindurch überraschenderweise ein roter Faden. Von der ersten bis zur letzten Seite wird nur eine einzige Geschichte aufgerollt – die Geschichte von der Erlösung des Menschen durch Gott.

Vor einiger Zeit kam ein Vertreter der Reihe *Große Werke der westlichen Welt* zu mir, der neue Mitarbeiter für den Vertrieb der Serie anwerben wollte. Er redete fünf Minuten lang über die Großen Werke, und anschließend sprach ich neunzig Minuten lang über das eine große Buch.

Ich forderte ihn auf, einmal zehn Autoren der Reihe, möglichst mit demselben Hintergrund, aus derselben Generation, derselben Gegend und Zeit und mit derselben Sprache, zu nehmen und dann zu vergleichen, was sie zu einem bestimmten Thema zu sagen haben.

Ich fragte ihn: „Wären sich diese Autoren einig?“

Er überlegte kurz, dann antwortete er: „Nein.“

„Was hätten Sie also?“, fragte ich.

Sofort sagte er: „Ein Sammelsurium unterschiedlicher Meinungen.“

Zwei Tage später übergab dieser Mann Jesus sein Leben, weil er etwas von der Einzigartigkeit der Bibel und ihrer Botschaft erkannt hatte.

Workshop

So kannst du dem Irrtum von der Bibel als *einem* großen Werk der Weltliteratur besser begegnen:

Lies die folgenden Bibelstellen aufmerksam durch. In jeder von ihnen wird das Wort Gottes mit einem bestimmten einflussreichen Element verglichen. Schreib zu jeder Stelle auf, was gemeint ist, und überlege, warum – in welcher Weise – die Bibel dem genannten Element oder Gegenstand vergleichbar ist. Überlege auch, ob es noch ein anderes Buch gibt, über das solche Aussagen gemacht werden könnten.

Jeremia 5,14: ....

Jeremia 23,29: ....

Römer 1,16: ....

Epheser 6,17: ....

Hebräer 4,12: ....

Es beg.b sich
aber z. d.r
Zeit d. [...] Land·
pflege. in ..?..
w.r.

10

Löcherig wie ein Schweizer Käse

Der Irrtum von der Lückenhaftigkeit

Viele Menschen betrachten die Bibel wie ein Stück Schweizer Käse, auch wenn es ihnen oft gar nicht bewusst ist: „Es stehen eine ganze Menge guter Sachen drin; aber sie hat auch viele Löcher."

„Oh ja", meinen sie, „die Bibel kann einem wirklich helfen. Und sie ist so inspirierend. Ich liebe vor allem die Psalmen. Psalm 23 zum Beispiel ist ja soooo schön."

Doch wenn man nachhakt, dann räumen sie schließlich ein: „Natürlich, es gibt auch Probleme mit der Bibel; die vielen Fehler und Widersprüche. Aber das stört mich nicht. Schließlichsoll die Bibel ja kein wissenschaftliches Lehrbuch sein. Bei den wichtigen Fragen, wo es um Glauben und um die Lehre geht, da ist sie korrekt."

Doch das ist ein Irrtum.

Oft haben die Menschen, die so etwas sagen, recht unklare Vorstellungen davon, was sie eigentlich mit „Fehlern und Widersprüchen" meinen. Die Bibel ist nicht voller Löcher und Lücken. Sie wimmelt nicht von Fehlern. Sie ist das inspirierte Wort Gottes, das von über vierzig Autoren über einen Zeitraum von 1600 Jahren hinweg geschrieben wurde. Durch die gewissenhafte, sorgfältige Arbeit von Kopisten und Gelehrten ist sie in bemerkenswerter Treue zum Original überliefert worden. Das Alte und das Neue Testament sind die *am genauesten überlieferten* und *am besten belegten* Schriften der gesamten Antike.

Wer Jesus nachfolgt, kann auch nicht ignorieren, dass der Herr selbst an die Genauigkeit der Schrift glaubte. Er sagte: *„Die Schrift kann nicht außer Kraft gesetzt werden"* (Johannes 10,35). Er sprach von den Erlebnissen des Jona als von einer Tatsache. In seiner Auseinandersetzung mit Satan in der Wüste zitierte er aus der Schrift. Auch in seinen Predigten und in seiner ganzen Lehrtätigkeit bezog er sich immer wieder auf die Schrift. Die Lehren, historischen Angaben und Ereignisse, von denen das Alte Testament berichtete, waren für Jesus Tatsachen und ohne jeden Zweifel korrekt.

Auch die Verfasser des Neuen Testaments bestätigten diese Zuverlässigkeit der gesamten Schrift. Der Apostel Paulus schrieb: *„Die ganze Schrift ist von Gottes Geist gegeben und von ihm erfüllt. Ihr Nutzen ist entsprechend: Sie lehrt uns, die Wahrheit zu erkennen, überführt uns von Sünde, bringt uns auf den richtigen Weg und erzieht uns zu einem Leben, wie es Gott gefällt"* (2. Timotheus 3,16). Und wie die anderen Apostel glaubte auch er an die Inspiration der neutestamentlichen Schriften, wie es zum Beispiel in einer Aussage wie der folgenden zum Ausdruck kommt: *„... dass das, was ich euch hier schreibe, eine Anweisung des Herrn ist"* (1. Korinther 14,37).

Allerdings wird in der Bibel manchmal ein bestimmtes Ereignis aus verschiedenen Blickwinkeln geschildert, manche Geschehnisse werden unterschiedlich betont, und es finden sich auch *scheinbare* Widersprüche. Auch beim Übersetzen aus dem hebräischen oder griechischen Originaltext hat es Probleme gegeben. Viele Passagen wurden falsch interpretiert. Dennoch liest auch der Christ des 20. Jahrhunderts, wenn er seine Bibel aufschlägt, das inspirierte, überlieferte, zuverlässige Wort Gottes. *„Das Gras verdorrt"*, sagt Jesaja, *„die Blume verwelkt, aber das Wort unseres Gottes besteht in Ewigkeit"* (Jesaja 40,8).

Workshop

So kannst du dem Irrtum von der Lückenhaftigkeit der Bibel besser begegnen:

Lies Matthäus 4,1-11. Jesus antwortet auf jeden Versuch des Satans mit einem Bibelvers. Versuche mit Hilfe einer Konkordanz oder einer Bibel mit Parallelstellenangaben herauszufinden, welche Bibelstelle Jesus zitiert, und schreibe sie unten zu dem entsprechenden Vers:

Vers 4: ....

Vers 7: ....

Vers 10: ....

Lies die folgenden Texte:

Matthäus 12,38-41, wo Jesus von den Erlebnissen des Propheten Jona spricht.

Markus 2,23-26, wo Jesus sich auf ein Ereignis bezieht, von dem in 1. Samuel 21,6-7 berichtet wird.

Johannes 3,14-15, wo Jesus sich auf ein Ereignis bezieht, das in 4. Mose 21 detailliert geschildert wird.

Überlege: Zeigt Jesus irgendwelche Zweifel daran, dass es diese Personen und Ereignisse tatsächlich gegeben hat oder dass diese Berichte den Tatsachen entsprechen? Oder geht er davon aus, dass sie glaubwürdig sind? Welche Konsequenzen hat das für dich?

Am Anfang schuf Gott Himmel und Erde.
Gott schuf am Anfang Himmel und Erde.
Himmel und Erde schuf Gott am Anfang.

11

Die Bibel und die „Stille Post“

Der Irrtum von den verschiedenen Lesarten

Die „Stille Post“ war in früheren Jahren nicht nur ein beliebtes Gesellschaftsspiel, sondern musste oft auch als ein Beispiel für die Genauigkeit beziehungsweise Ungenauigkeit übermittelter Informationen herhalten.

Bei diesem Spiel sitzen die Mitspieler im Kreis. Der erste flüstert seinem Nachbarn eine kurze Botschaft ins Ohr. Dieser flüstert sie wiederum seinem Nebenmann ins Ohr. Und so geht es weiter, bis der Satz einmal im Kreis herum weitergegeben wurde.

Wenn der Satz am Ausgangspunkt ankommt, hat er sich auf seiner Rundreise meistens erheblich – und oft recht komisch – verändert. Was als „Guten Morgen, liebe Leute“ begann, endet womöglich als „Der Chef hat wieder Sorgen heute“.

Viele Menschen glauben, dass es auch der Bibel im Lauf der Jahre ähnlich erging wie einem bei der „Stillen Post“ geflüsterten Satz – dass also das, was wir heute zwischen zwei Buchdeckeln vor uns haben, von dem, was vor Tausenden von Jahren tatsächlich geschrieben wurde, derart weit entfernt ist, dass wir ihm keinen Glauben mehr schenken können.

Doch damit sind sie im Irrtum.

Das Alte Testament zum Beispiel wurde jeweils mit großer Sorgfalt Buchstabe für Buchstabe von Hand abgeschrieben. Und wenn dem Schreiber dabei auch nur *ein* Fehler unterlief, wurde die gesamte Schriftrolle vernichtet.

Außerdem hatten sich die jüdischen Kopierer der hebräischen Schriften beim Abschreiben an ganz bestimmte, präzise Vorschriften zu halten:

- jede Abschrift hatte auf einer neuen, noch nie beschriebenen Oberfläche zu erfolgen und musste in einer ganz bestimmten Art vorbereitet werden;
- für jede Abschrift waren die Zahl der Spalten mit einer Breite von jeweils dreißig Buchstaben sowie die Anzahl der Zeilen pro Spalte genau vorgegeben;
- für jede Abschrift war die Farbe und die Qualität der Tinte bestimmt;
- jede Abschrift hatte von einem beglaubigten Original zu erfolgen;
- nicht der kleinste Buchstabe durfte aus dem Gedächtnis geschrieben werden; man konnte zum Beispiel nicht das Wort „zu" auf dem Original anschauen und dann, ohne weiter hinzusehen, die Buchstaben „z" und „u" schreiben. Sondern *jeder* Buchstabe musste einzeln vom Original abgeschrieben werden;
- kein Buchstabe durfte am anderen hängen oder in ihn übergehen. Der Abstand zwischen den einzelnen Buchstaben wurde mit einem Haar oder einem Faden gemessen;
- auf jeder Seite und in jedem Buch wurden alle Buchstaben gezählt und einzeln mit dem Original verglichen. Es wurde auch gezählt, wie oft jeder einzelne Buchstabe des Alphabets in einem Buch vorkam, und diese Zahl wurde dann mit dem Original verglichen. Außerdem wurde der Buchstabe, der genau in der Mitte des Pentateuch (den ersten fünf Büchern des Alten Testaments) steht, sowie der mittlere Buchstabe der

gesamten hebräischen Bibel berechnet. Und wenn *eine* dieser Berechnungen nicht korrekt war, wurde die ganze Kopie vernichtet.

Und das galt nur für das Alte Testament. Das Neue Testament seinerseits ist fraglos *das* verlässlichste und am besten bezeugte Dokument der antiken Welt.

Wenn ihr in der Schule Plato durchnehmt, äußert euer Lehrer dann Zweifel an der Authentizität seiner Schriften?

Wenn ihr im Lateinunterricht Caesars *De bello gallico* lest oder Livius, klärt euer Lehrer euch dann darüber auf, dass die Urheberschaft dieser Schriften nicht geklärt oder ihr Inhalt fragwürdig sei?

Werden die Schriften des griechischen Historikers Thukydides oder die Schriften des Aristoteles, eines Sophokles oder Euripides aufgrund textlicher Probleme oder verschiedener Lesarten als unbedeutend oder als nicht der Beachtung wert abgetan?

Wahrscheinlich nicht. Doch obwohl keines der genannten Werke an die Zuverlässigkeit des Neuen Testaments heranreichen kann, halten viele Menschen die Bibel für fehlerhaft.

Um die Verlässlichkeit eines historischen Dokuments zu bestimmen, sind vor allem zwei Faktoren maßgebend: die Anzahl der vorhandenen Abschriften und die Zeitspanne, welche zwischen der ersten Abfassung des Manuskripts und der ältesten bekannten Kopie liegt.

Ein Vergleich des Neuen Testaments mit den Schriften anderer antiker Autoren macht seine Zuverlässigkeit überdeutlich:

Autor	Abfassung	erste Kopien	Zeitspanne	Anzahl Kopien
Caesar	100 - 44 v. Chr.	900 n. Chr.	1000 Jahre	10
Plato (Tetralogien)	427 - 347 v. Chr.	900 n. Chr.	1200 Jahre	7
Thukydides	460 - 400 v. Chr.	900 n. Chr.	1300 Jahre	8
Sophokles	496 - 406 v. Chr.	1000 n. Chr.	1400 Jahre	100
Catullus	54 v. Chr.	1550 n. Chr.	1600 Jahre	3
Euripides	480 - 406 v. Chr.	1100 n. Chr.	1500 Jahre	9
Aristoteles	384 - 322 v. Chr.	1100 n. Chr.	1400 Jahre	5

Im Vergleich dazu die entsprechenden Daten für das Neue Testament:

Neues Testament	40 - 100 n. Chr.	125 n. Chr.	25 Jahre	24000+

Kein anderes Dokument der Antike kann daran heranreichen. Was die Textgenauigkeit angeht, liegt Homers *Ilias* auf dem zweiten Platz. Von ihr existieren 643 Abschriften des Manuskripts. Die Zeitspanne zwischen der ersten Niederschrift und der ältesten vorhandenen Abschrift beträgt 500 Jahre.

Ist die Bibel zuverlässig? Vergleicht man sie mit allen anderen Werken der Antike, so kann man von ihr sagen, sie ist „einsame Spitze“!

Workshop

So kannst du dem Irrtum von den verschiedenen Lesarten besser begegnen:

Ergänze die folgenden Verse:

„In Ewigkeit, HERR, steht . . . .

. . . . (Psalm 119,89).

„Längst habe ich aus deinen Zeugnissen erkannt, dass . . . . . .

. . . . “ (Psalm 119,152).

„Das Gras . . . ., die Blume . . . . Aber das Wort

unseres Gottes . . . . “ (Jesaja 40,8).

„Denn ich versichere euch, solange Himmel und Erde bestehen,

wird auch nicht ein . . . . oder ein . . . .

vom Gesetz vergehen; alles muss sich erfüllen“ (Matthäus 5,18).

Sagen diese Verse etwas über den Irrtum von den verschiedenen Lesarten aus? Wenn ja, was?

12

Dichtung oder Wahrheit?

Der Irrtum vom Märchenbuch

Als Anne vorschlug, im Seminar über Weltliteratur auch die Bibel auf die Leseliste zu setzen, schlug ihr ein Sturm der Entrüstung entgegen.

„Das ist doch wohl nicht dein Ernst", sagte jemand. „Die Bibel?"

Ein anderer meinte: „Du willst uns doch nicht weismachen, dass du die Geschichten von Jona und dem Wal oder jemandem, der auf dem Wasser läuft, glaubst? Wo lebst du eigentlich?"

„Kommt, lasst uns vernünftig sein", mischte sich ein Dritter ein. „Die Bibel hat ja sicher im Bereich der Religion ihren Platz; aber da gehört sie auch hin. Einige der Geschichten sind tatsächlich recht faszinierend, ich hab sie auch gelesen. Doch verlangt bloß nicht von mir, dass ich sie ernst nehme."

Immer mehr Menschen vertreten in unserer Zeit diese Auffassung. Selbst Theologen behaupten, die Bibel sei letztlich nichts anderes als eine Sammlung religiöser Folklore und Legenden. Damit machen sie die Wahrheit zur Dichtung.

Zugegeben, in der Bibel finden sich einige erstaunliche Geschichten, die wirklich eher wie die Schlagzeilen aus einer billigen Illustrierten klingen als wie ein historischer Bericht:

Mann geht auf dem Wasser
Frühstücksbrot eines Jungen reicht für Tausende
So wird aus Wasser Wein – eine Anleitung
Galiläischer Lehrer kommt aus dem Grab zurück

Doch ganz egal, wie unglaublich einige der biblischen Geschichten auch klingen mögen: Die Menschen, welche diese Dinge berichteten, wollten sie nicht als Mythen oder Legenden verstanden wissen, sondern als Tatsachen.

Und nicht nur das. Die Schreiber des Neuen Testaments wussten, dass sie für die Wiedergabe solch außergewöhnlicher Ereignisse unter Umständen mit dem Leben zu bezahlen hatten. Wie viele Leute kennst *du,* die gern ins Gefängnis gehen würden – oder sich sogar hinrichten lassen –, weil sie sich weigern, eine erfundene Geschichte zu widerrufen?

Die Schreiber des Neuen Testaments wussten außerdem, dass ihre Geschichten über einen Rabbi, der sich selbst von den Toten auferweckt, oder fünftausend Personen, die von fünf Laiben Brot und zwei Fischen satt werden, sie auf direktem Weg in die nächste Irrenanstalt befördern würden – es sei denn, es gäbe Zeugen für ihre Berichte.

Darum zum Beispiel sagt Paulus die Wahrheit, als er vor einem König namens Agrippa und einem römischen Gouverneur namens Festus das Evangelium verkündete. Die Bibel berichtet darüber:

> *„Paulus, du bist verrückt geworden", unterbrach Festus ihn lautstark in seiner Verteidigungsrede, „deine große Gelehrsamkeit treibt dich in den Wahnsinn!" Doch Paulus entgegnete: „Ich bin nicht verrückt, hochverehrter Festus. Was ich sage, ist wahr und vernünftig. Der König, zu dem ich so freimütig spreche, weiß, wovon ich rede. Ich bin überzeugt, dass ihm nichts von diesen Dingen entgangen ist. Das alles hat sich ja nicht in irgendeinem Winkel abgespielt"* (Apostelgeschichte 26,24-26).

Entgegen den Mythen, Legenden und Mysterienkulten der antiken Welt geschahen die Ereignisse, von denen die Bibel berichtet, nicht „in einem Winkel". Viele Menschen waren dabei, als sie sich ereigneten. Zuverlässige Leute bezeugten – schriftlich – die Echtheit der Geschehnisse und besiegelten ihr Zeugnis mit ihrem Blut. Und diese Schriften konnten noch nie wirksam widerlegt oder angezweifelt werden, sondern haben alle Bewährungsproben bestanden und sich als echt und maßgebend erwiesen.

Petrus selbst geht auf den Irrtum von der Bibel als Märchenbuch ein und schreibt: *„Denn wir haben uns keineswegs auf Mythen oder frei erfundene Geschichten gestützt, als wir euch von der Macht unseres Herrn Jesus Christus und seinem Wiederkommen erzählten. Nein, wir haben seine herrliche Größe mit eigenen Augen gesehen"* (2. Petrus 1,16).

Workshop

So kannst du dem Irrtum vom Märchenbuch besser begegnen:

Lies Lukas 1,1-3. Wer schreibt diese Worte? Wer berichtete dem Autor von *„den Ereignissen, die bei uns geschehen sind"*? Was tat der Autor, bevor er seinen Bericht für Theophilus schrieb?

Lies 1. Johannes 1,3. Wer schreibt diese Worte? Behauptet er, Augenzeuge gewesen zu sein? Warum schreibt er von dem, was er gesehen und gehört hat?

Lies Apostelgeschichte 2,22. Wer sagt diese Worte? An wen sind sie gerichtet? Was bedeuten die Worte *„ ihr wisst selbst"*?

Lies Johannes 19,35. Wer ist der Schreiber? War er Augenzeuge der Dinge, von denen er schrieb? Wie sollte man seinen Bericht verstehen – als Dichtung oder als Wahrheit? Beachte die Worte

„damit auch ihr zum Glauben findet". Nimm dir einen Moment Zeit, um betend über die Zeugnisse der neutestamentlichen Schreiber nachzudenken. Wie sieht es bei dir aus? Hat Johannes bei dir seine Absicht erreicht?

13

Dr. Lukas und der verschwundene Politarch

Der archäologische Irrtum

Der untersetzte Mann erklomm langsam die Treppe von Baker Street 221 B und wurde sofort zu dem großen Detektiv vorgelassen.

„Ah, guten Morgen, Doktor!“ sagte die schlanke Gestalt im Lehnstuhl. „Ich sehe, dass Sie einige schlaflose Nächte hinter sich haben.“

„Ja, leider. Aber Moment mal. Woher wissen Sie das? Und woher wissen Sie, dass ich Arzt bin?“

„Das gehört zum Grundkurs. Sie sind auch Schriftsteller, nicht wahr, und haben eine weite Reise hinter sich? Aber lassen wir das. Erzählen Sie mir, was Sie hergeführt hat.“

Der Besucher kämpfte einen Moment um seine Fassung und setzte schließlich zu einer längeren Ausführung an.

„Ich bin Dr. Lukas“, erklärte er, „Autor von zwei Bestsellern über Ereignisse aus meiner Zeit, dem ersten nachchristlichen Jahrhundert.“

Der Detektiv, Sherlock Holmes, legte die Fingerspitzen aneinander und hörte zu.

„In der letzten Zeit“, fuhr Dr. Lukas fort, „ist mein Ruf erheblich geschädigt worden. Meine Intelligenz und mein Charakter werden ernsthaft in Frage gestellt.

Sehen Sie, in meiner Apostelgeschichte schrieb ich von der Stadt Ikonium, dass sie außerhalb der Provinz Lykaonien liegt. Aufgrund anderer Schriften schlossen jedoch die Archäologen, dass Ikonium eine lykaonische Stadt sei, und nennen mein Buch deshalb unzuverlässig.

Doch nicht allein das", redete Lukas weiter – er fürchtete, Holmes könnte ihn für überempfindlich halten –, „in meinem Evangelienbericht erwähne ich zu Beginn der Tätigkeit von Johannes dem Täufer 27 n. Chr. einen Mann namens Lysanias, Tetrarch von Abilene. Aber auch hier wieder wirft man mir unseriöse Arbeit vor, denn die Archäologen kennen nur einen Lysanias, und der wurde 36 v. Chr. umgebracht. Und außerdem nenne ich Gallio in meinem Bericht vom Wirken des Paulusin Korinth ‚Prokonsul'. Die Gelehrten behaupten, ich wisse wohl nicht, wovon ich rede. Ein Mann in Gallios Position hätte nie als Prokonsul bezeichnet werden können.

Am schlimmsten ist es aber, wie diese sogenannten Gelehrten- über mich herziehen, weil ich für die Stadtpräfekten von Thessalonich das griechische Wort *Politarch* benutze. Da dieses Wort in der klassischen Literatur sonst nirgends vorkommt, beißen sich die Archäologen und Kritiker alle daran fest und sagen: ‚Lukas irrt; du kannst nicht glauben, was er schreibt, hahahaha.' Und es gibt weitere unzählige, noch kleinere Stellen, an denen sie versuchen, mich zu widerlegen."

Holmes hatte die Augen geschlossen, und sein Atem ging langsam und regelmäßig, als Dr. Lukas seinen Bericht beendete. Schließlich öffnete er die Augen, und als er aufstand, hatte sein Ausdruck etwas Endgültiges, Abschließendes.

„Es tut mir leid, Doktor", sagte er, „aber ich kann nichts für Sie tun."

Der Arzt sah den berühmten Detektiv wortlos an.

„Gehe ich recht in der Annahme, Doktor", fragte Holmes, „dass Sie von der Richtigkeit der von Ihnen aufgezeichneten Geschichten überzeugt sind?"

„Absolut!“ Dr. Lukas richtete sich zu seiner vollen Größe auf.“ Ich bin Historiker, Sir!“

„Dann müssen Sie warten“, erwiderte Holmes und führte den großen Historiker zur Tür. „Der Tag wird kommen, an dem Ihr sorgfältiger Bericht in jedem dieser Punkte bestätigt werden wird. Bis dahin, mein Guter“, sagte er, bevor er die Tür hinter dem erbosten Arzt schloss, „müssen Sie warten und sich mit dem Wissen trösten, dass Sie dann, wenn die Rechtfertigung kommt, schon die ganze Zeit recht hatten.“

Die Begegnung zwischen dem Arzt aus dem 1. Jahrhundert und dem Romanhelden hat natürlich nie stattgefunden. Doch alles, was Lukas in diesem Bericht erwähnt, ist korrekt. Er ist in der Vergangenheit oft verleumdet worden. Doch wenn Holmes Dr. Lukas den obigen Rat tatsächlich gegeben hätte, dann wäre er hundertprozentig richtig gewesen.

Obwohl Archäologen wie auch Theologen Lukas immer wieder Ungenauigkeiten und falsche Darstellung vorgeworfen haben, ist er in der Vergangenheit immer wieder bestätigt worden – durch die Archäologie.

Viele Leute meinen, die moderne Wissenschaft der Archäologie habe „bewiesen“, dass die Bibel an manchen Stellen Unrecht hat. Doch genau das Gegenteil ist der Fall. Nehmen wir einmal Lukas’ ersten Beschwerdepunkt. Im Jahre 1910 fand der Archäologe Sir William Ramsay ein Denkmal, aus dem hervorging, dass Ikonium eine phrygische Stadt war. Spätere Entdeckungen bestätigten Lukas’ Darstellung.

Ein archäologischer Fund in der Nähe von Damaskus bestätigte die Existenz eines „Tetrarchen Lysanias“. Er datiert aus der Zeit zwischen 14 und 29 n. Chr. und unterstützt damit Lukas’ Aussage.

Lukas’ Erwähnung von Gallio wird durch eine Inschrift erhärtet, in der es heißt: „Als Lucius Junius Gallio, mein Freund und Prokonsul von Achaja ...“

Und der verschwundene Politarch, der einst als endgültiger Beweis für die Unzuverlässigkeit des Lukas herhalten musste, ist inzwischen auch wieder aufgetaucht. In jüngster Zeit sind mehr als ein Dutzend Inschriften ausgegraben worden, in denen dieser alte griechische Titel vorkommt.

Die Vorstellung, dass die Archäologie die Aussagen der Bibel widerlege, ist nicht nur überholt – sie ist falsch. Der Archäologe William F. Albright sagte dazu:

„Die übertriebene Skepsis, welche die bedeutenden historischen Schulen des achtzehnten und neunzehnten Jahrhunderts gegenüber der Bibel zeigten und die in gewissen Aspekten auch heute noch periodisch auftaucht, ist nach und nach entkräftet worden. Entdeckung nach Entdeckung hat die Richtigkeit selbst allerkleinster Details belegt und den Wert der Bibel als historischer Quelle in zunehmendem Maße bestätigt."

Mit anderen Worten, Sherlock hatte recht.

Workshop

So kannst du dem archäologischen Irrtum besser begegnen:

Lies die folgenden Bibelstellen und setze den Namen der jeweiligen Person ein, von der die Bibel schon lange wusste und deren tatsächliche Existenz durch neuere archäologische Entdeckungen erhärtet wurde:

Daniel 5,30: Was einmal als peinlicher Fehler angesehen wurde (da eine Tontafel Nabonidus als den letzten babylonischen König nannte), wurde inzwischen durch die Forschung bestätigt - . . . . , Sohn des Nabonidus, herrschte als Mitregent neben seinem Vater.

Römer 16,23: Ausgrabungen aus dem Jahr 1929 nannten einen Mann mit Namen .... und identifizierten ihn als Stadtkämmerer von Korinth.

Matthäus 27,1-2: Ein Fund im Mittelmeerhafen von Cäsarea aus dem Jahr 1961 brachte eine 60 x 90 cm große Inschrift zum Vorschein, in der von .... die Rede ist.

14

Alles Zufall? Oder alles Plan?

Der Irrtum von den Zufallstreffern

Niklas stürmte durch die Küchentür und rannte seine Mutter beinahe über den Haufen.

„Niklas!“ schimpfte sie.

„Tschuldigung“, murmelte er, „aber du musst dir unbedingt das Buch ansehen, das Tim mir geliehen hat.“

Niklas schmiss seine Schulbücher auf den Tisch und zog aus dem Haufen ein Buch heraus. „Es sind lauter Prophezeiungen und so'n Zeug von so einem Typ, Nostril, oder so ähnlich.“

„Nostradamus?“

„Genau, so heißt er“, antwortete Niklas. „Kennst du ihn?“ „Hmm“, antwortete seine Mutter.

„Ist der nicht irre? Er hat alles Mögliche vorhergesagt, bevor es passiert ist: Hitler und den Zweiten Weltkrieg und die Ermordung von Kennedy und so. Tim sagt, es steht sogar was über M. C. Hammer drin.“

„Das hat Tim gesagt?“

Niklas zögerte und versuchte etwas misstrauisch im Gesicht seiner Mutter zu lesen. „Was hast du denn? Du guckst wieder so komisch.“

„Ach, nichts. Ich frage mich nur – hast du diese ‚Prophezeiungen‘ gesehen? Ich meine, hast du sie selbst nachgelesen, oder hat sie dir irgendjemand gezeigt? Oder habt ihr nur darüber geredet?“

„Ja, nein ... Tim hat mich darauf aufmerksam gemacht.“

„Und? Findest du sie nicht ein bisschen vage? Als könnten sie auf alles Mögliche angewandt oder interpretiert werden?“

Niklas überlegte einen Moment und zuckte dann mit den Schultern. „Ja, vielleicht schon.“

„Ich finde es erstaunlich, wie man sich so sehr mit den zweifelhaften Prophezeiungen eines Nostradamus beschäftigen kann, die göttlich inspirierten und tatsächlich erfüllten Vorhersagen der Bibel jedoch völlig ignoriert.“

Niklas horchte auf und legte das Nostradamus-Buch zur Seite. „Zum Beispiel?“

„Zum Beispiel?“ wiederholte seine Mutter. „Du überraschst mich. Dass Jesus in Bethlehem geboren werden würde, zum Beispiel. Der Prophet Micha hat das vorhergesagt. Und der Prophet Sacharja prophezeite, dass der Messias in Jerusalem einreiten würde, und zwar nicht auf einem Kriegspferd, sondern auf einem Esel.“

„Ach ja“, sagte Niklas. „Und dass er verraten werden würde, nicht wahr?“

„Genau. Von einem Freund, für dreißig Silberstücke. Und dass seine Hände und Füße durchbohrt werden würden und seine Knochen nicht gebrochen – Einzelheiten, Niklas, nicht irgendwelche Verallgemeinerungen oder Zufallstreffer, sondern Dutzende von ganz präzisen Vorhersagen, die zu hundert Prozent in Erfüllung gingen. Und das sind nur Prophezeiungen über den Messias. Dasselbe gilt aber auch für die Prophezeiungen über Städte und ganze Völker.“

„Daneben sieht Nostradamus ganz schön alt aus, was?“, meinte Niklas.

„Das kannst du laut sagen“, lächelte seine Mutter.

Niklas' Mutter hat Recht. Die biblischen Prophetien offenbaren mit erstaunlicher Präzision den einzigartigen Charakter und die Zuverlässigkeit der hebräischen und christlichen Schriften.

Selbst ein flüchtiger Blick auf die Verheißungen über den Messias müsste auch den voreingenommensten Leser von der Wahrheit der Bibel überzeugen.

Manche einfallsreichen Leute meinen zwar, die Erfüllung der biblischen Prophetien sei reiner Zufall. „Einige von ihnen könnten genausogut auf Präsident Kennedy oder Martin Luther King zutreffen", sagen sie.

Ja, aber lässt sich irgendwo ein einzelner Mensch finden, auf den *alle* der achtundvierzig wichtigsten Prophezeiungen über den Messias zutreffen würden? Die Antwort ist ein klares „Nein".

Die Möglichkeit, dass so etwas durch bloßen Zufall geschehen könnte, steht, wie Peter Stoner in *Science Speaks* schrieb, 1 zu 10 hoch 157, also eine 10 mit 157 Nullen. Eine so hohe Zahl beziehungsweise so geringe Wahrscheinlichkeit kann man sich nicht einmal vorstellen.

Solche astronomischen Berechnungen machen es mehr als deutlich, dass die Prophezeiungen der Bibel keine Zufallstreffer waren.

Workshop

So kannst du dem Irrtum von den Zufallstreffern besser begegnen:

Lies die folgenden Prophezeiungen durch und versuche herauszufinden, welcher der genannten Propheten sie gemacht hat oder in welchem biblischen Buch sie zu finden sind. Die Antworten lauten:

A. 1. Mose	B. Psalmen	C. Jesaja
D. Jerernia	E. Micha	F. Sacharja

Die Fragen lauten:

1. Jesus sollte von einer Jungfrau geboren werden (Matthäus 1,18-25).
2. Aus dem Stamme Juda (Lukas 3,23.33).
3. Ein Sohn Isais (Lukas 3,32).
4. Aus dem Hause Davids (Lukas 3,31).
5. Geboren in Bethlehem (Matthäus 2,1).
6. Von einem Botschafter angekündigt (Matthäus 3,1-2).
7. Er würde auf einem Esel in Jerusalem einreiten (Lukas 19,35-37).
8. Von einem Freund verraten (Matthäus 26,48-50).
9. Für dreißig Silberstücke verraten (Matthäus 26,15).
10. Er würde seinen Anklägern nicht antworten (Matthäus 27,12).
11. Seine Hände und Füße würden durchbohrt werden (Johannes 20,25).
12. Er würde zusammen mit Dieben gekreuzigt werden (Lukas 23,33; Matthäus 27,38).
13. Er würde für seine Verfolger beten (Lukas 23,34).
14. Seine Kleider würden geteilt werden (Johannes 19,23).
15. Über seine Kleider würde das Los geworfen werden (Johannes 19,24).
16. Man würde ihm mit Galle vermischten Wein zu trinken geben (Matthäus 27,34).
17. Seine Beine würden nicht gebrochen werden (Johannes 19,33).
18. Er würde in die Seite gestochen werden (Johannes 19,34).
19. Er würde bei den Reichen begraben werden (Matthäus 27,57-60).
20. Die Auferstehung (Apostelgeschichte 2,31).

Die Antworten:

1. C (Jesaja 7,14); 2. A (1. Mose 49,10); 3. C (Jesaja 11,1); 4. D (Jeremia 23,5); 5. E (Micha 5,1); 6. C (Jesaja 40,3); 7. F (Sacharja 9,9); 8. B (Psalm 41,10); 9. F (Sacharja 11,12); 10. C (Jesaja 53,7); 11. B (Psalm 22,17); 12. C (Jesaja 53,12); 13. C (Jesaja 53,12); 14. B (Psalm 22,19); 15. B (Psalm 22,19); 16. B (Psalm 69,22); 17. B (Psalm 34,21); 18. F (Sacharja 12,10); 19. C (Jesaja 53,9); 20. B (Psalm 16,10).

Märchen und Irrtümer über die Auferstehung

15

Leiche spielen

Der Irrtum vom Scheintod

Als junger Mann setzte ich es mir zum Ziel, das Christentum zu widerlegen und nachzuweisen, dass es nur ein schlechter Scherz sei. Es gelang mir natürlich nicht, und zwar aus einem ganz einfachen Grund: Es ist völlig unmöglich, ein historisches Ereignis wegzuerklären – nämlich die Auferstehung Jesu Christi.

Die Auferstehung steht im Mittelpunkt des christlichen Glaubens. In seinem Buch *Man Alive* schreibt Michael Green:

> „Für das Christentum ist die Auferstehung keine Lehre unter vielen. Ohne Glauben an die Auferstehung gäbe es gar kein Christentum. Es gäbe keine christliche Kirche. Die Jesus-Bewegung wäre mit seiner Hinrichtung verpufft wie ein nasser Feuerwerkskörper. Der christliche Glaube steht und fällt mit der Wahrheit von der Auferstehung. Würde sie widerlegt, dann wäre das Christentum erledigt."

Das ist wahrscheinlich der Grund dafür, warum so viele Menschen die Auferstehung anzweifeln und sie zu widerlegen versuchen.

Mit seinem Buch *The Passover Plot* (Die Passah-Verschwörung), das Mitte der sechziger Jahre erschien, löste Dr. Hugh

Schonfield eine heftige Kontroverse aus. Er griff darin eine uralte Erklärung für die Auferstehung auf, welche auch die „Scheintod-Hypothese" genannt wird.

Die Scheintod-Hypothese wurde vor mehreren hundert Jahren von einem Mann namens Venturini verbreitet und geht davon aus, dass Jesus in Wirklichkeit gar nicht gestorben ist. Er sei nur – vor Erschöpfung und wegen des hohen Blutverlusts – ohnmächtig geworden. Alle hätten gedacht, er sei tot – so lautet die Hypothese –, doch dann hätte er sich wieder erholt, und seine Jünger hätten geglaubt, er sei von den Toten auferstanden.

Schonfield wandelte diese Theorie etwas ab und behauptete, Jesus habe seine Verhaftung, den Prozess und die Kreuzigung selbst eingefädelt. Jesus habe selbst dafür gesorgt, dass er ans Kreuz gehängt würde, damit er dort den Tod markieren und sich später wieder von den Schlägen, der Entkräftung, dem Trauma, dem Blutverlust durch den Lanzenstich in seine Seite, den blutigen Löchern in seinen Händen und Füßen erholen konnte.

Doch diese Theorie ist falsch.

Jesus war mit einem als *flagrum* bekannten Instrument (eine Art Peitsche mit vielen Riemen, an deren Spitzen sich Widerhaken befanden), das dem Opfer normalerweise das Fleisch in Fetzen vom Leibe riss, brutal ausgepeitscht worden. Mancher Gefangene verpasste seine eigene Hinrichtung, weil er eine solche Geißelung nicht überlebte.

Nach dieser grausamen Bestrafung musste Jesus den Weg zu seiner Hinrichtungsstätte zurücklegen. Doch er war so geschwächt, dass er es nicht schaffte – Matthäus und Lukas berichten, dass ein Mann namens Simon von Kyrene gezwungen wurde, das Kreuz zu tragen, nachdem Jesus zusammengebrochen war. Markus' Bemerkung: *„So brachten sie ihn bis zu der Stelle, die Golgota heißt, das bedeutet ‚Schädelstätte'"* (Markus 15,22), könnte darauf hindeuten, dass er nicht einmal mehr fähig war, aus eigener Kraft zu laufen.

Dann erlitt Jesus eine Todesart, die jeglicher Beschreibung spottet. *Das große Bibellexikon* schreibt dazu:

> „Zur Kreuzigung wurde der Verurteilte nackt ausgezogen. Er musste die Arme ausstrecken, wurde mit ihnen am Querbalken befestigt und dann hochgezogen. Bei der Annagelung wurden die Nägel wohl durch die Handwurzel oder zwischen Elle und Speiche hindurchgetrieben. Schon allein die Verletzung hochempfindlicher Nerven verursachte bei der geringsten Bewegung, ja bei einem Windhauch die unerträglichsten Schmerzen.
>
> Den Gekreuzigten quälten furchtbarer Durst, rasende Kopfschmerzen, hohes Fieber und peinigende Angstzustände. Aufgrund der schweren Verletzungen und des starken Blutverlusts kam es oft zu Schockzuständen, die in einem Zusammenbruch des Kreislaufs endeten. Die Hängelage führte zu Atemnot, und der Gepeinigte konnte dem Erstickungstod nur entgehen, indem er sich immer wieder unter unsäglichen Qualen aufrichtete. Um den Todeskampf zu verlängern, dachte man sich als grausame Hilfe den Sitzpflock aus, der wahrscheinlich auch an Jesu Kreuz angebracht war."

Nach Stunden solcher Behandlung wurde Jesus vom Kreuz genommen – jedoch erst, nachdem ein römischer Soldat (der sicherlich wusste, wann ein Mensch tot war) dem römischen Gouverneur bestätigt hatte, dass Jesus von Nazareth wirklich tot war.

Die Vorstellung, ein Mensch könnte eine solche Hinrichtung überleben und später in Judäa und Galiläa mehr als fünfhundert Menschen als Bezwinger des Todes und Fürst des Lebens erscheinen, erfordert eine gewaltige Bereitschaft, die Geschichte umzuschreiben und die einfache Wahrheit zu leugnen: *„Christus ist für unsere Sünden gestorben wie es die Schriften gesagt haben. Er wurde begraben und am dritten Tag auferweckt, wie es die Schriften gesagt haben"* (1. Korinther 15,3-4).

Workshop

So kannst du dem Irrtum vom Scheintod besser begegnen:

Lies Johannes 19,30-35. Warum brachen die Soldaten Jesu Beine nicht? Wie viele römische Soldaten (mindestens) wussten, dass Jesus tot war? Wer ist „der Augenzeuge“ aus Vers 35? Was weiß er?

Lies Markus 15,42-47. Wie viele „Augenzeugen“ von Jesu Tod werden in diesen Versen erwähnt?

Lies Matthäus 27,62-66. Waren die Hohenpriester und Pharisäer überzeugt davon, dass Jesus tot war? Beachte Vers 63: Da ihnen Jesu Verheißung, dass er auferstehen würde, offenbar bekannt war – denkst du, sie hätten es zugelassen, dass Jesus noch lebend vom Kreuz genommen worden wäre?

Wie viele Menschen, Jesu Jünger und Anhänger nicht mitgerechnet, waren Zeugen seines Todes?

16

Blinde Kuh

Der Irrtum vom falschen Grab

Du kannst es mir glauben, Lissy, so etwas habe ich noch nie erlebt! Die andere Maria war mit dabei und ich und ... Wer war das noch gleich? Ach ja, Salome und, und ... Lass mich mal überlegen ...“

„Meinst du, du schaffst es noch?“ drängte Elisabeth.

„Wer erzählt denn hier, hm? Ich mache ja schon weiter. Na ja, ist ja auch egal. Wir sind gleich nach Sonnenaufgang zum Grab gegangen. Es war noch gar nicht richtig hell. Du weißt schon, was ich meine. Da musst du aufpassen, dass du nicht in den Wäscheleinen hängenbleibst oder an irgendwelchen Spinnenweben ...“

Elisabeth rollte verzweifelt die Augen.

„Schon gut, schon gut“, sagte Maria. „Wie ich gerade sagte, wir gingen zum Grab. Und als wir ankamen, war es leer, obwohl wir Jesus erst am Abend zuvor hineingelegt hatten. Hast du gehört, was ich gesagt habe, Lissy? Es war leer! Niemand da. LEER!“

Elisabeth starrte die Freundin an. „Bist du sicher, dass ihr beim richtigen Grab wart?“

„Bitte? Ob ich sicher bin? Lissy! Wie meinst du denn das? Ob es das richtige Grab war? Glaubst du mir etwa nicht? Schließlich war ich ja nicht alleine da ... Wir sind doch zusammen gegangen. Und Maria und ich waren ja erst am Abend zuvor da. Wenn wir am falschen Grab gewesen wären, meinst du denn, wir hätten das nicht gemerkt? Für wie dumm hältst du uns eigentlich?"

„Nun, ich ..."

„Und wenn du meinst, wir hätten uns verlaufen, was ist dann mit den Engeln? Habe ich dir schon von den Engeln erzählt? Ja, weißt du, da waren nämlich Engel bei dem leeren Grab, sie leuchteten hell wie ein Blitz! Sie sagten uns, wir sollten uns nicht fürchten, Jesus sei auferstanden, so wie er es gesagt hätte. Du meinst wohl, die Engel hätten auch am falschen Grab gestanden, was?"

„So hab' ich es doch gar nicht gemeint. Ich ..."

„Und wenn du schon denkst, ich sei dumm, dann kannst du Petrus und Johannes gleich als Affen bezeichnen! Ich bin losgelaufen, um es ihnen zu erzählen, und sie sind sofort zu dem leeren Grab gerannt! Sie waren sogar schneller als ich!"

„Ich w..."

„Und außerdem, Fräulein ‚Bist-du-sicher-dass-ihr-am-richtigen-Grab-wart', was meinst du wohl, an wie vielen Gräbern in Jerusalem man ein zerbrochenes römisches Siegel findet?"

„Ich... ich..."

„Und was ist mit dem Hohenpriester und den Wachen? Meinst du denn, die hätten nicht gewusst, welches das richtige Grab war? Wenn wir beim falschen Grab gewesen wären, dann hätten sie doch nur zum richtigen zu gehen und zu sagen brauchen: ‚Ha! Ihr hattet Unrecht! Hier ist eure Leiche!' Oder nicht?"

Elisabeth rang die Hände. „Es tut mir Leid, hörst du? Es tut mir Leid. So habe ich es natürlich nicht gemeint."

Leider ist Elisabeth nicht die einzige, die mit solchen Einwänden kommt. Auch andere haben die Theorie aufgestellt, die Frauen, welche von dem verschwundenen Leichnam Jesu berichteten, seien zum falschen Grab gegangen. Doch wie Maria ihrer Freundin so hartnäckig klarzumachen versucht, hätte eine Viertelstunde Fußmarsch zum Palast des Hohepriesters oder zur römischen Festung in Jerusalem genügt, um alle Gerüchte über eine Auferstehung ein für allemal zum Schweigen zu bringen.

Doch das geschah nicht. Natürlich nicht. Denn die Frauen waren wirklich an Jesu Grab gewesen. Und es war leer.

Workshop

So kannst du dem Irrtum vom falschen Grab besser begegnen:

Lies Matthäus 27,57–28,15. Nenne alle Personen oder Personengruppen, die den genauen Ort, an dem sich das Grab befand, kannten.

Matthäus 27,59-60: ....

Matthäus 27,61: .... und ....

Matthäus 27,62-66: ....

Matthäus 28,2-4.11: ....

Johannes nennt noch jemanden, der wusste, wo sich die Grabstätte befand (Johannes 19,38-41). Wen?

Beachte, dass sowohl Matthäus wie Markus und Lukas erwähnen, dass die Frauen bei der Grablegung *zusahen* (Matthäus 27,61; Markus 15,47; Lukas 23,55). Warum berichten sie das?

17

Das große Versteckspiel

Der Irrtum vom gestohlenen Leichnam

Der Irrtum vom gestohlenen Leichnam wird zum ersten Mal in der Bibel selbst erwähnt. Nach der Auferstehung gingen einige der Soldaten, die das Grab bewacht hatten, zum Hohepriester und berichteten ihm, was passiert war. Matthäus schreibt darüber:

> *Sofort versammelten sie sich mit den Ratsältesten und fassten den Beschluss, die Soldaten zu bestechen. Sie gaben ihnen viel Geld und vereinbarten mit ihnen: „Ihr müsst sagen: ‚Seine Jünger kamen in der Nacht, als wir schliefen, und haben den Leichnam gestohlen.' Wenn der Statthalter davon erfährt, werden wir mit ihm reden und ihn beschwichtigen, so dass ihr nichts zu befürchten habt." Die Soldaten nahmen das Geld und taten, wie man ihnen gesagt hatte. So wurde diese Geschichte in Umlauf gebracht, die bei den Juden noch heute verbreitet ist* (Matthäus 28,12-15).

Trotz der Tatsache, dass das Neue Testament selbst über den Ursprung des Irrtums vom gestohlenen Leichnam berichtet, glauben auch heute noch einige Leute, die Jünger hätten mit dem toten Körper von Jesus ein bisschen Verstecken gespielt.

Dagegen sprechen jedoch eine ganze Reihe von Faktoren. Der Stein, zum Beispiel, mit dem das Grab verschlossen worden war, nachdem man Jesus hineingelegt hatte, war nicht solch ein Steinchen, wie man es zum Spaß über eine Wasseroberfläche springen lässt. Aufgrund anderer Texte und der Berechnungen von zwei Ingenieuren der Technischen Universität von Georgia handelte es sich vermutlich um eine runde Steinplatte mit einem Durchmesser von etwa einem Meter fünfzig und einem Gewicht von zirka zwei Tonnen. Solch ein Stein saß normalerweise in einer Rinne, die etwas schräg nach unten auf die Öffnung des Grabes zulief. Der Stein wurde von mehreren Arbeitern in die Rinne gehievt und zunächst mit einem Keil festgehalten. Als Jesus in das Grab gelegt wurde, wurde der Keil entfernt, und das Gesetz der Schwerkraft sorgte dann dafür, dass der Stein in der Rinne vor die Öffnung des Grabes rollte und es fest verschloss. Um nun wieder in das Grab hineinzukommen, hätte man den Stein bergauf rollen müssen. Und dazu hätte es mehrere starke Männer gebraucht. Es wäre auch nicht ohne Lärm abgegangen. Darum fragten sich die Frauen auf ihrem Weg zum Grab am Ostermorgen: *„Wer wird uns den Stein vom Eingang des Grabes wegwälzen?“* (Markus 16,3).

Außerdem hatte auch der Hohepriester versucht, einem Diebstahl des Leichnams vorzubeugen, und hatte vom römischen Gouverneur Pilatus eine Wachmannschaft angefordert. Eine solche römische Wachmannschaft bestand aus vier bis sechzehn Soldaten. Jeder war darauf trainiert, einen Abschnitt von zwei Metern zu bewachen. Eine sechzehnköpfige Mannschaft nahm eine quadratische Aufstellung ein. Sie bestand aus vier Viererreihen und konnte einen Abschnitt von 32 Metern gegen ein ganzes Bataillon verteidigen und halten.

Normalerweise wurden vier Mann direkt vor dem zu bewachenden Gegenstand postiert. Die anderen zwölf schliefen in einem Halbkreis vor ihnen, wobei die Köpfe nach innen gerichtet waren. Um an das Objekt heranzukommen, das die Soldaten bewachten, musste ein Dieb also über die schlafenden Wachmänner steigen (wobei er natürlich von den vier Wachhabenden beobachtet wurde). Alle vier Stunden wurde eine neue Vierergruppe geweckt, um die Wachhabenden abzulösen. Dieser Rhythmus wurde rund um die Uhr eingehalten.

Die Wachmänner waren natürlich auch keine freundlichen Fremdenführer. Sie waren gefährliche Kampfmaschinen. In seinem Buch „Leben in der römischen Welt zur Zeit von Nero und Faulus" beschreibt T. G. Tucker einen solchen Soldaten:

> „Über der Brust, mit Klappen an der Schulter befestigt, trägt er ein Lederkorsett, das mit ring- oder schuppenförmig übereinanderliegenden Schichten aus Eisen oder Bronze bedeckt ist. Auf dem Kopf trägt er einen einfachen, topfartigen Helm oder ein Kappe aus Eisen.
>
> In der rechten Hand hält er den berühmten römischen Langspieß. Diese fast zwei Meter lange Waffe besteht aus einem hölzernen Schaft, an dessen Ende eine scharfkantige eiserne Spitze befestigt ist. Der Soldat greift damit entweder an wie mit einem Bajonett, oder er benutzt ihn als Wurfspieß und kämpft dann im Nahkampf mit dem Schwert.
>
> In der linken Hand trägt er einen Schild, der zusätzlich mit einem Lederriemen über der rechten Schulter gehalten werden kann. Damit es nicht mit dem Schild in Konflikt kommt, hängt das Schwert – das eher zum Stoßen als zum Hauen benutzt wird und einen knappen Meter lang ist – auf der rechten Seite und wird von einem Ledergurt über der linken Schulter gehalten. Auf der linken Seite trägt der Soldat einen Säbel."

Wer dem Irrtum vom gestohlenen Leichnam anhängt, behauptet mehr oder weniger, dass die Schar der Jünger, die noch wenige Tage zuvor geflohen waren wie ein Schwarm aufgescheuchter Kaninchen, nun unerschrocken einer Gruppe schwerbewaffneter, kampferprobter römischer Soldaten gegenübertrat. Es gelang den Jüngern entweder, die Soldaten zu überwältigen, oder sich an ihnen vorbeizuschleichen, während sie schliefen, um dann einen zwei Tonnen schweren Stein bergauf zu schieben; und zwar so geräuschlos, dass keiner der Soldaten aufwachte. Dann, so meint man, schleppten die Jünger Jesu Leichnam fort, versteckten ihn irgendwo und erduldeten im Laufe der nächsten Jahrzehnte Spott, Folter und den Märtyrertod, um in der ganzen bekannten Welt eine *Lüge* zu verbreiten.

Diese Theorie ist so abenteuerlich, dass ein wirklich großer – und blinder – Glaube dazu gehört, an ihr festzuhalten.

Wer jedoch ernsthaft nach der Wahrheit sucht, der kann – wie die ersten Christen – völlig gewiss sein, dass der christliche Glaube nicht auf Märchen und Legenden basiert, sondern auf der historischen Tatsache, dass das Grab leer war und Jesus auferstand.

Workshop

So kannst du dem Irrtum vom gestohlenen Leichnam besser begegnen:

Lies 1. Korinther 15,1-8. Welche drei Beweise nennt Paulus dafür, dass Jesus auferstanden ist?

1 ....

2 ....

3 ....

Wie viele Personen (mindestens) haben gemäß Paulus den auferstandenen Christus gesehen?

....

Welche Bedeutung hat die Tatsache, dass die meisten der fünfhundert Brüder, die Paulus (in Vers 6) erwähnt, zur Zeit, als er seinen Brief schrieb, noch lebten?

....

Wenn jeder der fünfhundert Augenzeugen fünf Minuten lang davon berichten würde, was er gesehen hat, so würde man zweiundvierzig Stunden brauchen, nur um alle anzuhören. Bei den meisten Verhandlungen werden nur ein oder zwei Zeugen hinzugezogen.

Märchen und Irrtümer über Religion und Christentum

18

Des einen Zimmerdecke ist des anderen Fußboden

Der „Alles ist relativ"-Irrtum

„Ihr braucht mir doch nicht erzählen, was richtig ist und was falsch", sagte Stefanie. „Ich bin jetzt fast achtzehn. Mit euren Moralvorstellungen könnt ihr mir nicht mehr kommen. Weil etwas in euren Augen falsch ist, heißt das noch lange nicht, dass es auch für mich verkehrt ist!" Stefanie stürmte aus der Auseinandersetzung mit ihren Eltern davon, um für sich selbst herauszufinden, was richtig und was falsch ist.

Sie war auf die Lüge des Teufels hereingefallen, der uns sagt: „Richtig und falsch, gut und böse, das ist doch alles relativ ... Du musst herausfinden, was *für dich gut* ist! Du musst *deine eigene Moral* entwickeln."

Stefanie steht allerdings nicht allein da. Viele Menschen meinen, sie könnten sich ihre eigenen Moralvorstellungen zurechtzimmern. Sie denken, sie könnten selbst bestimmen, was „für sie" richtig, was „für sie" wahr sei.

Allan Bloom, ein amerikanischer Autor, schreibt in einem Buch, ein Dozent könne „heute über eines ganz sicher sein: Beinahe jeder Student, der an die Universität kommt, glaubt – oder sagt, er glaube –, Wahrheit sei relativ".

Doch das ist ein Irrtum.

Moral ist nicht relativ. Über Gut und Böse lässt sich nicht verhandeln. C. S. Lewis schreibt in *Pardon – ich bin Christ:*

> „Am bemerkenswertesten aber ist, dass auch ein Mensch, der behauptet, er glaube nicht an ein Recht und Unrecht, immer wieder auf diese Unterscheidung zurückgreift. Vielleicht bricht er selbst ein Versprechen, das er uns gegeben hat – aber sobald wir versuchen, unser Versprechen ihm gegenüber ebenfalls nicht einzuhalten, beschwert er sich im Nu und sagt, wir seien nicht fair.
>
> Wir können also nicht umhin, an ein gültiges Recht und Unrecht zu glauben. Vielleicht haben wir manchmal falsche Vorstellungen davon, so wie man beim Rechnen Fehler machen kann. Aber Recht und Unrecht sind so wenig eine Frage des bloßen Geschmacks oder der Auffassung wie das große Einmaleins."

Das Erstaunliche ist, dass wir nicht erst Philosophie studieren oder den Doktor machen müssen, um das Richtige vom Falschen zu unterscheiden. Der Apostel Paulus bekannte, dass sogar die Menschen, die nie von den Zehn Geboten gehört haben, beweisen, *„dass ihnen die Forderungen des Gesetzes ins Herz geschrieben sind. Das zeigt sich auch an ihrem Gewissen und am Widerstreit ihrer Gedanken, die sich gegenseitig anklagen oder auch entschuldigen"* (Römer 2,15). Um noch einmal C. S. Lewis zu zitieren: „Diese Regel oder dieses Gesetz, das bestimmt, was unter Menschen als Recht oder Unrecht zu gelten hat, ... wurde Naturrecht genannt, weil man annahm, jeder Mensch kenne es von Natur aus und brauche es nicht erst zu lernen."

Und doch gibt es Menschen, die behaupten, was für andere falsch sei, müsse nicht automatisch auch für sie verkehrt sein. Allerdings können sie damit letztlich niemanden hinters Licht führen. Allein der Versuch, ihr Verhalten mit dem Irrtum von der Relativität zu erklären oder zu entschuldigen, beweist bereits, dass auch sie im tiefsten Innern etwas von Gut und Böse wissen. Sie sind wie Pontius Pilatus, der die berühmte Frage stellte: *„Was ist Wahrheit?“* (Johannes 18,38). Die Tragik des Pilatus bestand darin, dass *die* Wahrheit, während er fragte, direkt vor ihm stand! Jesus, der sich selbst als den *„Weg, die Wahrheit und das Leben“* offenbart hatte, verkörperte die Antwort, welche Pilatus suchte. Doch der römische Gouverneur konnte die fleischgewordene Wahrheit nicht erkennen.

Workshop

So kannst du dem Irrtum, alles sei relativ, besser begegnen:

Lies Richter 17,6. Auch zur Zeit der Richter in Israel war der Irrtum, alles sei relativ, bereits bekannt, denn „jeder tat, ...

Lies Sprüche 14,12. Was sagt dieser Vers, der in Sprüche 16,25 noch einmal vorkommt, über den „Weg, der manchen recht *scheint*“? Wohin führt er? Was will dieser Vers deiner Meinung nach sagen?

Lies Jesaja 45,19. Wer bestimmt – nach diesem Vers –, was richtig ist?

Lies Hosea 14,10. Im zweiten Teil dieses Verses werden zwei verschiedene Kategorien von Menschen erwähnt. Welche? In welche Kategorie gehörst du? Anders gefragt: Wandelst du auf dem Weg des Herrn, oder kommst du zu Fall?

Lies Johannes 8,31-32. Meint Jesus hier, es gebe keinen absoluten Maßstab für das Gute und das Böse? Oder will er genau das Gegenteil sagen? Was ist die Folge, wenn man die Wahrheit erkennt?

19

Du bist o.k., ich bin o.k.

Der Irrtum, wir seien doch alle kleine Sünderlein

„Also weißt du, ich bin ja vielleicht nicht der Beste, aber so schlecht wie er bin ich auch nicht. Mann, ich könnte dir Sachen über ihn erzählen! Wir haben im gleichen Dorf gewohnt und sind praktisch zusammen aufgewachsen. Deshalb weiß ich ganz gut über ihn Bescheid.

Er war schon immer ziemlich eingebildet und arrogant. Ich dagegen war eher zurückhaltend.

Bei der Polizei war er auch kein Unbekannter. Ich dagegen habe mir nie etwas zuschulden kommen lassen.

Ich kann es gar nicht zählen, wie oft er im Knast war. Ich dagegen kam nie mit dem Gesetz in Konflikt.

Einmal hat er sogar vor den Augen eines Priesters einen Mann angegriffen!

Ich bin ja vielleicht wirklich kein Heiliger. Aber das eine kann ich dir sagen – Judas Ischariot ist längst nicht so schlecht wie Simon Petrus!"

Okay, Judas hat sich vielleicht nie mit genau diesen Worten verteidigt, doch alles, was er in diesem fiktiven Gespräch gesagt hat, stimmt. Du kennst natürlich den Rest der Geschichte. Judas verriet Jesus und beendete sein Leben schließlich, indem er sich erhängte. Petrus verleugnete Jesus zwar, aber er bereute es später, und ihm wurde vergeben. Er wurde eine der bedeutendsten Persönlichkeiten der ganzen Kirchengeschichte. Doch die Worte, die wir hier Judas in den Mund gelegt haben, unterscheiden sich nicht wesentlich von dem, was viele Menschen denken.

„Hin und wieder trinke ich mal einen über den Durst", sagen sie, „aber so schlimm wie Soundso treibe ich es doch wieder nicht." Oder: „Ich hab' auch meine Fehler, aber ich ziehe nicht so über die Leute her wie sie."

Oder vielleicht klingt es so: „Gewiss, ich bin auch kein Heiliger. Doch wenn er Christ sein will, dann komme ich schon lange in den Himmel."

Doch so funktioniert es nicht.

Wir alle haben in der Schule die Lehrer gemocht, die ihre Noten aufgrund des Klassendurchschnitts berechneten. Das heißt, dass sie zunächst einmal alle Arbeiten durchschauten, um den durchschnittlichen Fehlerquotienten zu ermitteln, und die Noten dann auf diesem Durchschnittswert basierten (natürlich gab es immer mal wieder einen Einstein, der das Ganze völlig durcheinanderbrachte). Doch das Tolle an diesem System war, dass man ruhig ein bisschen bummeln konnte, solange alle anderen auch nicht besser waren, und trotzdem noch seine Zwei bekam.

Manche Leute nehmen diese Schulerfahrung mit in ihr Erwachsenenleben und übertragen sie auf ihre Vorstellung vom Leben und von Gott und seiner Gerechtigkeit. Doch wer meint, Gott gründe sein Urteil auf dem allgemeinen Durchschnitt, der irrt.

Die Bibel macht es ganz deutlich, dass Gott einmal nicht Susi und Johnny vergleichen wird und dann sagt: „Okay, Susi, du warst nicht ganz so schlimm wie Johnny, also komm in den Himmel. Tut mir leid für dich, Johnny, Pech gehabt. Du musst dort zu der Tür mit der Nummer Drei."

Ganz im Gegenteil. Ein Mann namens Nikodemus kam einmal zu Jesus. Er war ein Pharisäer, Mitglied des jüdischen

Regierungsrats, eine Stütze der Gesellschaft; ein Mann, der immer das Rechte tat, immer das Rechte sagte, ja, sogar immer das Rechte glaubte. Jesus sagte nicht: „Prima, Nick, wenn irgend jemand in den Himmel kommen sollte, dann du!“ Jesus sagte: „Wenn jemand nicht von neuem geboren wird, kann er das Reich Gottes nicht einmal sehen“ (Johannes 3,3).

Es kommt nicht darauf an, ob du ein besserer Mensch bist als Jenny Meyer. Es kommt nicht darauf an, ob du weniger trinkst als Axel Landers oder öfter in die Kirche gehst als Otto Jäger. Worauf es nach Jesu Worten ankommt, ist, dass du „von neuem geboren wirst“.

Workshop

So kannst du dem Irrtum, wir seien doch alle „kleine Sünderlein“, besser begegnen:

Lies die folgenden Sätze. Streiche alle durch, die *nicht* in der Bibel stehen.

A. Wer nicht von neuem geboren ist, kann Gottes Reich nicht sehen.

B. Niemand sollte nur nach seinem eigenen Vorteil trachten, sondern man sollte versuchen, es besser zu machen als die anderen.

C. Ich habe den guten Kampf gekämpft, ich habe den Lauf vollendet. Ich habe ein besseres Leben geführt als alle, die ich kenne.

D. Verlasst nicht die Versammlungen der Gemeinde, denn dort findet ihr die Erlösung.

E. Weicht nicht von dem Weg ab, den eure Freunde euch zeigen.

F. Haltet meine Gebote besser als die Menschen eurer Umgebung, dann werdet ihr das Reich Gottes sehen.

G. Glaubt an den Herrn Jesus Christus und bringt einen größeren Zehnten in mein Vorratshaus als euer Nachbar, dann werdet ihr und euer Haus gerettet.

H. Wenn ihr euch nicht zu Gott hinwendet und euer schlechtes Leben ändert, werdet ihr genauso umkommen.

(Antworten: A steht in Johannes 3,3. H steht in Lukas 13,3.)

20

Wir kommen, alle, alle in den Himmel

Der Irrtum der Universalisten

Die sechzehnjährige Svenja überraschte ihren Jugendkreis mit der Bemerkung: „Also, ich glaube, es spielt keine so große Rolle, ob einer Christ ist oder Buddhist oder Muslim. Wir wollen alle in den Himmel, aber wir wählen einfach unterschiedliche Wege, um dorthin zu kommen!"

Svenja weiß es vielleicht nicht, doch sehr viele Menschen würden ihr zustimmen. Nicht alle würden es laut sagen, aber viele neigen heutzutage zum Universalismus, der Meinung, dass jeder, der sich ernsthaft darum bemüht, irgendwie in den Himmel kommen wird, egal, welcher Religion er auch angehört. Es gibt sogar „universalistische Kirchen", die diese Lehre offiziell verbreiten. Und selbst Menschen, die (wie Svenja) in einem christlichen Umfeld aufgewachsen sind, glauben irgendwo im Hinterkopf, dass der Mensch zum Schluss irgendwie gerettet würde.

Doch das ist ein Irrtum.

Die Bibel lehrt etwas anderes. Jesus sagt: *„Geht durch das enge Tor! Denn das weite Tor und der breite Weg führen ins Verderben, und viele sind dorthin unterwegs. Wie eng ist das Tor und wie* *schmal der Weg, der ins Leben führt, und nur wenige sind es, die ihn finden!“* (Matthäus 7, 13-14).

Stellen wir es uns doch einmal vor: Gott wurde Mensch, um zu leiden und unter größten Qualen am Kreuz zu sterben, damit den Menschen ihre Schuld vergeben wird und sie in den Himmel kommen können. Durch die Jahrhunderte hindurch haben die Menschen seine Liebe entweder angenommen oder abgelehnt, und Tausende sind ins Gefängnis gesteckt und gefoltert worden oder als Märtyrer gestorben, weil sie an Jesu stellvertretenden Opfertod glaubten. Und stellen wir uns einmal vor, wie am Ende aller Tage die gesamte Menschheit vor Gott steht. Gott blickt auf die Menge, die Jesu Liebe angenommen hat; und auf der anderen Seite sieht er die Massen, die ihn ablehnten. Und dann zuckt er mit den Schultern und sagt: „Ach, was soll's. Ist ja egal. Kommt doch alle rein!“

So wird es nicht sein. Nicht etwa, weil Gott unbedingt möchte, dass einige Menschen in die Hölle kommen. Die Bibel sagt, Gott *„will nicht, dass irgendjemand zugrunde geht, sondern dass alle Gelegenheit haben, zu ihm umzukehren“* (2. Petrus 3,9).

Der Universalist argumentiert: „Ich kann mir nicht vorstellen, dass ein liebender Gott irgendjemand in die Hölle schickt.“ Doch er übersieht, dass nicht Gott es ist, der die Menschen in die Hölle schickt. Gott hat alles daran gesetzt, um denen, „die an ihn glauben“, das ewige Leben zu geben.

Der Mensch selbst jedoch kann wählen, wo er die Ewigkeit verbringen will. Die Bibel macht es ganz deutlich, dass der, welcher Gottes Liebe hartnäckig ablehnt, sich für die Hölle entscheidet.

Darum müssen die Christen Jesu Gebot befolgen und alle Völker zu Jüngern machen (Matthäus 28,19). Denn eines Tages, so sagt die Bibel, wird es für Umkehr und Reue zu spät sein.

Workshop

So kannst du dem Irrtum der Universalisten besser begegnen:

Lies Johannes 6,67-68. Als viele der Jünger Jesus verließen, fragte er Petrus: „Wollt ihr auch weggehen?“ Was erwiderte Petrus? Was bedeutet seine Frage: „Wohin sollen wir gehen?“ Wie viele Wege zum ewigen Leben meinte Petrus zu erkennen?

Lies Johannes 14,6. Jesus selbst spricht hier von dem Weg zum Himmel. Wie viele Wege zu Gott gab es seiner Meinung nach? Was bedeutet der bestimmte Artikel („der“) in diesem Vers?

Lies Offenbarung 20,12-15. Die Bibel sagt eindeutig voraus, was beim letzten Gericht geschehen wird. Werden alle Menschen in den Himmel kommen? Was wird mit denen geschehen, deren Namen (aufgrund der Entscheidung, die sie selbst zu Lebzeiten getroffen haben) nicht im Buch des Lebens zu finden sind?

Nimm dir etwas Zeit, um über die Gedanken in 2. Korinther 13,5 nachzudenken und zu beten.

PHILOSOPHIE
LEHRE

21

Wichtig ist nicht, was du weißt, sondern wen du kennst

Der Irrtum vom Christentum als einer Ideologie

Micha und Bert blätterten durch das Vorlesungsverzeichnis der Universität von Beliebigstadt und verglichen ihre Stundenpläne.

„Kaum zu glauben, ich muss für Geschichte der westlichen Zivilisation wieder Staubert nehmen", jammerte Micha. „Den alten Nazi! Wenigstens hab ich Neumann in Literatur."

„Hey! Ich hab wieder Christos", sagte Bert.

„Wirklich? Welche Fächer?"

„Alle."

„Alle?"

„Ja."

„Lässt er viele Klausuren schreiben?"

„Nö."

„Müsst ihr viel auswendig lernen?" wollte Micha wissen.

„Nö", antwortete Bert.

„Ach! Was müsst ihr denn dann überhaupt bei ihm tun?"

„Vor allem sollen wir *ihn* kennen lernen. Wir sollen herausfinden, wer er ist, und, ääh, wir sollen eine Beziehung zu ihm aufbauen."

Kaum vorzustellen, dass es so einen Lehrer gäbe, nicht wahr? Doch es gibt einen.

Viele Menschen haben die Vorstellung, das Christentum sei, wie fast alle anderen Weltreligionen auch, ein System verschiedener Lehrsätze – ein Gedankengebäude, ein System von Glaubenssätzen oder Verhaltensregeln, eine Philosophie oder Ideologie.

Doch da irren sie sich gewaltig.

Das Christentum ist etwas ganz anderes als der Buddhismus, der Islam oder der Konfuzianismus. Die Gründer dieser Religionen sagten mehr oder weniger: „Das ist meine Lehre. Glaubt daran. Folgt meiner Philosophie." Jesus sagte: „Folgt *mir*!" (Matthäus 9,9).

Die Führer der Religionen sagen: „Was denkt ihr über meine Lehre?" Jesus fragt: „Für *wen* haltet ihr mich?" (Lukas 9,20).

Die Frage, welche sich fast alle Anhänger irgendwelcher Religionen stellen müssen, lautet: „Was für eine Ideologie bekenne ich?" Die Frage des potentiellen Christen lautet: „Was soll ich mit Jesus, dem Messias, anfangen?" (Matthäus 27,22).

Das Christentum ist keine Religion oder Ideologie. Es ist eine Beziehung.

Das Christentum ist kein System von Lehr- und Glaubensgrundsätzen. Es ist eine Person.

Darum war auch die Gerichtsverhandlung gegen Jesus etwas Einmaliges. In den meisten Prozessen wird der oder die Angeklagte wegen etwas verurteilt, was er oder sie *getan* hat. Jesus wurde wegen dem verurteilt, was – oder vielmehr wer – er *war*.

In seinem Bericht über Jesu Prozess vor dem Hohen Rat erwähnt Markus (Markus 14,53-65), dass verschiedene falsche Zeugen aufgerufen wurden, ihre Aussagen jedoch widersprüchlich und keineswegs überzeugend waren. Dann, schreibt Markus, fragte der Hohepriester: „Bist du der Christus, der Sohn des Hochgelobten?"

Auf die Frage nach dem „Sohn des Hochgelobten", die für die Juden eine direkte Frage nach Gott war, antwortete Jesus schließlich: „Ich bin's."

Daraufhin zerriss der Hohepriester, ohne den Urteilsspruch des Rats abzuwarten, sein Gewand, um damit klarzumachen, dass Jesus Gott auf die übelste Weise gelästert hatte, indem er behauptete, selbst Gott zu sein.

Der Kernpunkt des Prozesses gegen Jesus war seine Identität – die Frage, wer er war. Das ist das Hauptmerkmal, welches das Christentum von allen anderen Religionen unterscheidet. Es ist keine Ideologie; es basiert auf der Person Jesus Christus und verlangt eine Beziehung zu ihm.

Was allein den christlichen Glauben glaubwürdig macht, ist die Tatsache, dass Jesus Christus der Messias, der Sohn Gottes ist. Daraus entstand auch der Konflikt mit den Pharisäern. Sie glaubten, dass die strikte Einhaltung des Gesetzes, der biblischen Prinzipien, das Wichtigste sei. Jesus aber sagte: „Nein. Das ist nicht genug. Die Befolgung des Gesetzes kann nur der sichtbare Ausdruck einer Beziehung zu mir sein. Der Gehorsam gegenüber meiner Lehre macht niemand zu einem Christen. Nur eine persönliche Beziehung zu mir kann es tun."

Workshop

So kannst du dem Irrtum, das Christentum sei eine Ideologie, besser begegnen:

Lies Matthäus 26,63-65. Fragt der Hohepriester Jesus danach, was er getan hat oder wer er ist? Was antwortet Jesus? Wie reagiert der Hohepriester?

Lies Markus 15,37-39. Was sagt der Hauptmann, nachdem er Jesu Tod am Kreuz miterlebt hat? Redet er von Jesu Lehren oder von seiner Persönlichkeit?

Lies Matthäus 27,41-43. Was sagte Jesus gemäß den Leuten, die sich über ihn lustig machten, von sich selbst?

GLAUBE
VERSTAND

22

Der Verstand ist an der Garderobe abzugeben

Der Irrtum der Intellektuellen

Wim ging ganz in Gedanken versunken die Straße entlang. Er war auf dem Weg zur Kirche. Er hatte beschlossen, dass er nun lange genug vor Gott davongelaufen war.

„Ich halte es nicht mehr aus", dachte er. „Die Schuld, das schlechte Gewissen, das Gefühl, dass in meinem Leben irgend etwas fehlt."

Darum trottete er nun zur alten Kirche, die unten an der Straße ihre Türme und Verzierungen zum Himmel streckte.

„Wunderschönes Gebäude", sagte er zu sich selbst. „Nicht so hässlich wie diese modernen Betonklötze, die sie jetzt überall hinstellen."

Nach einigen Minuten hatte er sie endlich erreicht. Nervös stand er eine Weile vor der schweren, holzgeschnitzten Tür. Schließlich gab er sich einen Ruck und erklomm die paar Stufen.

Im Vorraum blieb er wieder einen Moment stehen, damit seine Augen sich an das Dämmerlicht gewöhnen konnten.

„Wollen Sie reinkommen?"

Die Stimme überraschte Wim. Er hatte die Frau nicht bemerkt. Er drehte sich in die Richtung, aus der die Stimme gekommen war, und entdeckte eine kleine, etwas gebeugte Frau mit grauen Haaren, die zu einem Knoten zusammengesteckt waren.

„Wollen Sie reinkommen?“, fragte sie noch einmal.
„Äah, ja“, antwortete Wim. „Ja, das will ich.“
„Ihren Verstand bitte.“
Wim dachte zunächst, er habe sich verhört. Doch sie wiederholte den Satz, und diesmal waren ihre Worte klar und deutlich.
„Ihren Verstand, bitte.“
„Meinen Verstand?“
„Ja. Sie wollen doch in die Kirche, oder nicht?“
Wim nickte.
„Sie haben sich entschieden, Christus nachzufolgen? Sie wollen Christ werden?“
„Ja“, sagte er.
„Na also. Dann müssen Sie Ihren Verstand hier bei mir abgeben. Sie brauchen ihn von nun an nicht mehr. Wir versehen ihn mit Ihrem Namen. Er ist hier gut aufgehoben. Machen Sie sich keine Gedanken, das ist schon in Ordnung. Wenn Sie Christ werden wollen, müssen Sie Ihren Verstand an der Garderobe abgeben.“ –

Die Geschichte ist natürlich erfunden. Doch sie gibt wieder, was viele Menschen über die Bekehrung denken. Sie meinen, Christ zu werden bedeute, dass man seinen Verstand an der Garderobe abgeben, seinen Intellekt aufgeben und alles rationale Denken verleugnen müsse.

Doch das ist ein Irrtum.

Viele große Denker waren Christen: der Apostel Paulus, Augustin, Martin Luther, Johannes Calvin, John Bunyan, Dietrich Bonhoeffer, Francis Schaeffer.

Wenn sich jemand zu Christus bekehrt, wird sein Denkvermögen davon nicht beeinträchtigt. Es wird vielmehr vervollkommnet. Oft löst die Bekehrung eine Reihe von Aha-Erlebnissen aus, weil man viele Dinge erst jetzt im Zusammenhang sehen und richtig einordnen kann.

In seiner Autobiographie schildert C. S. Lewis, wie er als junger Mensch dem Evangelium auswich und sich heftig widersetzte, weil er das Christentum für ein nicht besonders intellektuelles System hielt. Sein Widerstand zerbrach allerdings, und er wurde „überrascht von Freude". Er stellte fest, dass die Bekehrung seine schöpferischen Kräfte und seine Phantasie erst freisetzte. Seine Bücher wie *Dienstanweisung an einen Unterteufel* und die *Narnia-Reihe* machten ihn weltberühmt.

Lew Wallace hatte sich vorgenommen, das Christentum ein für allemal auf intellektueller Ebene zu widerlegen. Doch die Kraft des Evangeliums machte den Kritiker und Autor des Bestsellers *Ben Hur* zum Christen.

Der englische Rechtsanwalt Frank Morison wollte ein Buch schreiben, um die Auferstehung Jesu zu widerlegen. Er betrieb intensive Nachforschungen, suchte nach historischen Beweisen und setzte sich ganz für sein Buch ein. Schließlich konnte er aufgrund seiner Arbeit und seines Verstandes der Erkenntnis nicht mehr ausweichen, dass Jesus tatsächlich von den Toten auferstanden sein musste! Er wurde Christ.

Die Bibel erwartet nicht, dass wir unseren Verstand an der Garderobe abgeben. Im Gegenteil, sie erwartet von uns, dass wir ihn einsetzen, bis wir mit derselben Gewissheit wie Paulus sagen können: *„Ich bekenne mich offen und ohne Scham zu dieser Botschaft: Sie ist ja Gottes Kraft und rettet jeden, der ihr glaubt"* (Römer 1,16).

Workshop

So kannst du dem Märchen, Glaube und Verstand vertrügen sich nicht, besser begegnen:

Lies Johannes 8,31 und 32; 1. Petrus 3,15; Apostelgeschichte 17,2-4.

Lies dazu Apostelgeschichte 17,16-34, den Bericht über Paulus' Auftritt in Athen. Beachte besonders Vers 23. Fordert Paulus die Athener auf, den Verstand auszuschalten? Oder bietet er ihnen an, noch etwas dazuzulernen, etwas, wovon sie bislang noch nichts wussten?

Unter den Bekehrten in Athen war ein Mitglied des Areopag, des Gerichtshofs (Vers 34). Wer war es?

. . . .

23

Justin und der Professor

Der Irrtum vom blinden Glauben

„Ach, Sie sind Christ?“ Der Professor fuhr sich mit einer Geste, die Überlegenheit andeuten sollte, durch den Bart.

Justin war im ersten Semester und schluckte so heftig, dass er das Gefühl hatte, alle im Hörsaal müssten es hören.

„Sagen Sie“, fuhr der Professor fort, „können Sie mit hundertprozentiger Sicherheit beweisen, dass Jesus von den Toten auferstanden ist?“

Justin räusperte sich, um den Hals frei zu bekommen, aber seine Antwort klang trotzdem wie das Quieken einer Maus. „Ääh, nein.“

„Sehen Sie?“, verkündete der Professor. „Blinder Glaube. Der Glaube macht dumm, ist unlogisch und unvernünftig.“ Er wandte sich wieder der Tafel zu, und Justin saß mit hochrotem Kopf und klopfendem Herzen in seiner Bank und traute sich für den Rest der Stunde kaum, den Blick zu heben.

Als ich jung war, hätte ich dem Professor sofort zugestimmt. Auch ich dachte, ein Christ müsse die Augen schließen und blind glauben. Ich wollte es allerdings noch genauer wissen und setzte es mir zum Ziel, das Christentum zu widerlegen. Doch je mehr ich mich mit den historischen, biblischen Tatsachen auseinandersetzte, desto mehr erkannte ich, dass der christliche Glaube intelligent und vernünftig ist.

Jesus sagte zu seinen Jüngern: *„Dann werdet ihr die Wahrheit erkennen und die Wahrheit wird euch frei machen“* (Johannes 8,32).

Er sagte nicht: „Ihr werdet die Wahrheit außer acht lassen.“ Er sagte nicht: „Die Wahrheit braucht euch nicht zu kümmern.“ Er sagte auch nicht: „Ihr müsst einfach glauben, egal, ob es wahr ist oder nicht.“ Er sagte: „Dann werdet ihr *die Wahrheit erkennen,* und die Wahrheit wird euch frei machen.“

Jesus verlangt nicht, dass wir intellektuellen Selbstmord begehen, wenn wir uns ihm als Herrn und Erlöser anvertrauen. Er erwartet nicht, dass wir unseren Glauben in einem verstandesmäßigen Vakuum leben. Der christliche Glaube basiert auf beweisbaren Tatsachen.

Der Professor, der sich über Justin lustig machte, meinte, wenn man eine Sache nicht mit hundertprozentiger Sicherheit beweisen könne, dann sei sie entweder sinnlos oder falsch. Er meinte auch, der christliche Glaube sei ein blinder Glaube, weil die Auferstehung und die Göttlichkeit Jesu nicht mit hundertprozentiger Sicherheit bewiesen werden könne.

Doch er unterlag einem Irrtum.

Es gibt in unserer Welt nur sehr wenige Dinge, die mit hundertprozentiger Sicherheit bewiesen werden können, außer vielleicht in der Mathematik.

Autohersteller zum Beispiel können nie mit hundertprozentiger Gewissheit nachweisen, dass ihre neuen Modelle tatsächlich sicher sind. Die Beweise jedoch, die sie aus einer Reihe härtester-Tests gewonnen haben, lassen auf eine relativ hohe Sicherheit schließen.

Ein Schwurgericht kann nie mit hundertprozentiger Gewissheit beweisen, dass der Angeklagte ein Verbrechen auch tatsächlich begangen hat. Selbst wenn er ein Geständnis abgelegt hat, gäbe es noch andere Möglichkeiten. Vielleicht lügt er, um jemand anderen zu schützen. Vielleicht wurde er zum Geständnis gezwungen. Doch die Richter urteilen aufgrund der *vorhandenen Beweise,* um zu einem gerechten Urteil zu kommen.

Ähnlich kann weder die Auferstehung Jesu noch Jesu Anspruch, Gott zu sein, mit hundertprozentiger Sicherheit bewiesen werden. Das heißt aber nicht, dass der christliche Glaube ein blinder Glaube ist. Es gibt genügend Beweise, die für den christlichen Glauben sprechen. Sie sind nicht vollkommen, denn dann hätten wir eine Gewissheit von hundert Prozent. Doch sie sind ausreichend.

Der Apostel Johannes schreibt in seinem Evangelium: *„Jesus tat vor den Augen seiner Jünger noch viele andere Wunderzeichen, die aber nicht in diesem Buch aufgeschrieben sind"* (Johannes 20,30). Was will er damit sagen? Er sagt, dass Jesus noch viele Dinge tat, die ihn als Gottes Sohn auswiesen, die jedoch nicht aufgezeichnet wurden. Johannes bietet keine vollständige Beweiskette. „Aber", schreibt er im nächsten Vers, *„was hier berichtet ist, wurde aufgeschrieben, damit ihr glaubt, dass Jesus der Messias ist, der Sohn Gottes, und damit ihr durch den Glauben in seinem Namen das Leben habt"* (Johannes 20,31). In Vers 30 sagt Johannes mit anderen Worten: „Seht, die Beweise sind nicht vollständig." – „Aber", fährt er in Vers 31 fort, „sie sind ausreichend."

Blaise Pascal, der französische Mathematiker, Philosoph und Naturwissenschaftler, sagte einmal, es gebe für jeden, der nicht von vornherein dagegen sei, genug Beweise, um ihn vom christlichen Glauben zu überzeugen. Für den jedoch, der nicht wolle, reichten alle Beweise nicht aus, um ihn in Gottes Reich zubringen.

Workshop

So kannst du dem Irrtum vom blinden Glauben besser begegnen:

Lies Johannes 20,30-31. Warum schrieb Johannes seinen Bericht über Jesus Christus, den Sohn Gottes? Wie entsteht ein „Leben in seinem Namen“? Woran (oder an wen) muss man glauben?

Lies Lukas 1,1-4. Aus welchem Grund schrieb Lukas sein Evangelium (Vers 3)? Lukas adressierte sein Evangelium an einen Mann namens Theophilus. Was wollte er mit seinem „der Reihe nach“ aufgeschriebenen Bericht von Jesu Leben und Lehre erreichen?

Hast du es dir zum Ziel gesetzt, die Beweise sorgfältig zu erkunden, damit „du dich von der Zuverlässigkeit der Dinge überzeugen (kannst), in denen du unterwiesen worden bist“?

GESUCHT:
ABRAHAM LINCOLN

24

Abraham Lincoln und die Englisch-Prüfung

Der Irrtum von der Unwissenschaftlichkeit

„Einen Moment bitte!"

Ich hatte gerade meinen Vortrag an einer der Elite-Universitäten der Westküste beendet, als sich die Stimme aus den letzten Reihen des Hörsaals in der anschließenden Fragestunde zu Wort meldete.

„Ich studiere hier Physik", sagte der junge Mann, „und ich persönlich weigere mich, etwas zu glauben, das nicht wissenschaftlich bewiesen werden kann. Können Sie die Auferstehung Jesu wissenschaftlich nachweisen?"

„Nein", antwortete ich.

Der Student lachte leise und reckte sich selbstgefällig. „Aber", fuhr ich fort, „Sie können auch Ihre eben gemachte Aussage wissenschaftlich nicht beweisen."

Der wissenschaftliche (oder empirische) Beweis besteht darin, dass ein bestimmtes Ereignis unter genau kontrollierten Bedingungen unzählige Male wiederholt wird. Es wird beobachtet, die Daten werden notiert, ein Schluss wird gezogen. Der wissenschaftliche Beweis ist das Ergebnis von Experiment und Beobachtung.

Ein Mann und eine Frau im weißen Kittel beispielsweise

betreten das Labor; sie mit Notizblock und Bleistift in der Hand, er hält einen *kleinen,* weißen, festen Gegenstand. Der Mann steckt das weiße Etwas in einen Glasbehälter, der mit normalem Leitungswasser gefüllt ist. Es kommt an die Oberfläche. Die Frau notiert etwas auf ihrem Block.

Der Mann stößt den Gegenstand wieder auf den Boden des Glasbehälters. Er kommt an die Oberfläche; die Frau schreibt etwas auf.

Noch einmal stößt er den Gegenstand auf den Boden zurück. Das Ding kommt hoch. Die Frau notiert etwas.

Er stößt, das Ding kommt hoch, sie schreibt.

Nachdem sie den Versuch unzählige Male in einer kontrollierten Umgebung wiederholt, das Ergebnis beobachtet und notiert haben, kommen die Wissenschaftler zu der Erkenntnis, dass Kernseife schwimmt. Es ist somit wissenschaftlich erwiesen.

Das Problem besteht darin, dass viele Menschen meinen, wenn etwas nicht wissenschaftlich bewiesen werden könne, dann sei es nicht wahr oder nicht glaubwürdig.

Doch das ist ein Irrtum.

Der empirische Beweis ist nicht die einzige Methode, um etwas nachzuweisen. Wäre es so, dann ließe sich zum Beispiel nie beweisen, dass Abraham Lincoln je Präsident der Vereinigten Staaten war, denn wir können dieses Ereignis nicht wiederholen. Es existiert nur in der Vergangenheit.

Ähnlich kannst du auch nicht beweisen, dass du die Englischklausur letzten Freitag um zehn Uhr verhauen hast. Du kannst das Ereignis nicht mehrmals in einer kontrollierten Umgebung wiederholen, beobachten und die Untersuchungsergebnisse schriftlich festhalten. Es ist *einmal* geschehen. Nun ist es Geschichte.

Die Tatsache, dass Abraham Lincoln und deine Englischarbeit wissenschaftlich nicht bewiesen werden können, heißt jedoch noch lange nicht, dass es sie nicht gegeben hat. Sie *können* bewiesen werden. Die Methode, anhand welcher das geschieht, nennt man die historische Methode.

Die historische Beweisführung zieht drei verschiedene Arten von Beweisen heran: mündliche Zeugnisse, schriftliche Zeugnisse und gegenständliche Zeugnisse. Diese Methode wird tagtäglich in allen Gerichten der ganzen Welt angewandt, und sie ist die einzige, mit der ein Ereignis der Geschichte untersucht werden kann.

Wie kann man (historisch) beweisen, dass es einmal einen amerikanischen Präsidenten gab, der Abraham Lincoln hieß? Man könnte Augenzeugen suchen, Menschen interviewen, die ihn gekannt haben, mit ihm zusammengetroffen sind und ihn gehört haben – das wären mündliche Zeugnisse. Man könnte sich Abschriften seiner Briefe besorgen, Zeitungsausschnitte über seinen Tod, Bücher – das wären schriftliche Zeugnisse. Und schließlich könnte man Gegenstände als Beweise heranziehen – seine Taschenuhr, Bilder von ihm und von seinem Geburtsort, ja, sogar seine Zuckerdose.

Wie könntest du die Englischarbeit vom letzten Freitag beweisen? Dein Lehrer könnte bestätigen, dass sie stattgefunden hat. Du könntest die benoteten, datierten Arbeiten zeigen (es sei denn, du willst sie lieber vor deinen Eltern geheimhalten), du könntest dir das Foto besorgen, das jemand während der Arbeit für die Schülerzeitung aufgenommen hat, und so weiter.

Die wissenschaftliche Methode ist begrenzt. Sie kann die oben genannten Ereignisse nicht beweisen. Sie kann nicht beweisen, dass Napoleon bei Waterloo geschlagen wurde. Sie kann nicht beweisen, dass die Beulenpest im London des siebzehnten Jahrhunderts 150.000 Menschenleben forderte. Sie kann nicht beweisen, dass Jesus von den Toten auferstand – weil die Ereignisse nicht in einer kontrollierten Umgebung wiederholt, beobachtet, dokumentiert und ausgewertet werden können.

Ein geschichtliches Ereignis kann jedoch durch die historische Methode bewiesen werden, indem man mündliche, schriftliche und physische Zeugnisse heranzieht, welche die Wahrheit des Ereignisses erhärten und bestätigen. Wer meint, Jesu Auferstehung zum Beispiel habe nie stattgefunden oder sei zumindest unglaubwürdig, weil sie wissenschaftlich nicht bewiesen werden könne, der irrt. Dass Jesus gelebt und gewirkt hat, seine Wunder und seine Auferstehung, all das kann nachgewiesen werden – und ist hinreichend bewiesen.

Workshop

So kannst du dem Irrtum von der Unwissenschaftlichkeit besser begegnen:

Lies Johannes 20,1-9. Von welchen gegenständlichen Beweisen der Auferstehung Jesu ist in diesen Versen die Rede?

Lies Johannes 20,10-29. In diesem Abschnitt berichtet Johannes von den Reaktionen mehrerer Augenzeugen auf die Auferstehung. Von wie vielen Augenzeugen spricht er?

Lies Johannes 20,30-31. Auf welche Art von Beweisen wird hier Bezug genommen?

Nun lies 1. Korinther 15,3-8. Wie viele Augenzeugen der Auferstehung nennt dieser schriftliche Bericht?

Welche anderen Beweise könnte es aufgrund der historischen Methode noch für die Auferstehung geben?

25

Die Grilltomate im Turnschuh

Der Irrtum von der Gehirnwäsche

Viele Menschen haben den Eindruck, die christliche Bekehrung sei psychologisch zu erklären; es handele sich dabei praktisch um eine Art Gehirnwäsche, bei der ein Mensch einfach so lange überredet und gefühlsmäßig bearbeitet wird, bis er die christlichen „Mythen" glaubt. Sie meinen, das christliche Leben sei eine große Selbsttäuschung; die Christen machten sich selbst und anderen mit ausgeklügelten Gedankenspielen, die zu gewissen Verhaltensänderungen führen würden, lediglich etwas vor.

Doch das ist ein Irrtum.

Ich erzählte einmal in einer Geschichtsstunde von meiner Bekehrung. Als ich geendet hatte, meldete sich der Lehrer zu Wort.

„Hören Sie, McDowell, was uns hier interessiert, sind Tatsachen, keine persönlichen Zeugnisberichte. Ich bin in der ganzen Welt schon Hunderten von Leuten begegnet, die behaupteten, ihr Leben sei durch Christus verändert worden."

„Danke", sagte ich. „Lassen Sie mich das Gesagte kurz zusammenfassen, und dann werde ich auf Ihre Bemerkung noch etwas näher eingehen." Wenig später wandte ich mich dem Einwand des Lehrers zu. „Viele von euch sagen: ‚Okay, Christus hat dein Leben verändert – na und?' Ich will euch etwas zu diesem ‚na und' sagen: Ein Argument, das mich von der Auferstehung Jesu Christi vor fast zweitausend Jahren überzeugt hat, ist die Veränderung, die man im Leben von Millionen von Menschen, die zum Glauben an Jesus kamen, beobachten kann. Obwohl sie aus allen nur denkbaren Lebensbereichen und aus allen Teilen der Welt stammen, geschieht diese Veränderung auf verblüffend ähnliche Weise. Ob es sich um einen hochbegabten Professor handelt oder einen ungebildeten Mensch aus dem Urwald; in dem Moment, wo jemand sein Vertrauen auf Jesus Christus setzt, beginnt sich sein Leben zu verändern.

Manche behaupten, es handele sich hierbei um reines Wunschdenken. Oder sie sagen, das beweise gar nichts. Für den Christen jedoch verbirgt sich hinter dieser subjektiven Erfahrung eine objektive Wirklichkeit. Diese objektive Wirklichkeit ist die Person Jesus Christus und seine Auferstehung.

Ich will das an einem Beispiel deutlich machen", erklärte ich der Klasse. „Sagen wir einmal, ein Schüler kommt in eure Klasse und sagt: ‚Hallo Leute, ich hab in meinem rechten Turnschuh eine gegrillte Tomate. Diese Tomate hat mein Leben verändert. Sie hat mir Frieden, Liebe und Freude gegeben, wie ich sie vorher nie gekannt habe. Und nicht nur das, ich schaffe jetzt auch die hundert Meter in fünf Sekunden.'"

Ich schmunzelte. „Mit so jemandem zu argumentieren ist nicht leicht", fuhr ich fort, „besonders wenn sein Leben unterstreicht, was er sagt, und er euch allen auf der Aschenbahn davonrennt. Ein persönliches Zeugnis ist oft das subjektive Argument für das Existieren einer bestimmten Sache. Darum sollte man es nicht vorschnell als unbedeutend ablehnen.

Um eine subjektive Erfahrung zu prüfen, gibt es zwei Möglichkeiten. Zunächst sollte man fragen: Welche objektive Wirklichkeit steht hinter der subjektiven Erfahrung? Zweitens: Wie viele andere Personen haben aufgrund derselben objektiven Wirklichkeit dieselbe subjektive Erfahrung gemacht?

Was passiert, wenn wir diese beiden Fragen auf die Grilltomate im Turnschuh anwenden? Die Antwort auf die erste Frage würde lauten: ‚Eine Grilltomate in meinem rechten Turnschuh.' Die zweite Frage würde folgendermaßen lauten: ‚Wie viele Personen dieser Klasse, dieser Schule, dieses Landes, auf diesem Kontinent, und so weiter, haben dieselbe Liebe, denselben Frieden und dieselbe Freude erlebt und ihr Tempo auf der Rennbahn steigern können, weil sie eine gegrillte Tomate im rechten Turnschuh haben?'"

Die meisten meiner Zuhörer lachten. Wer kann es ihnen verübeln? Es war klar, dass die Antwort auf die zweite Frage nur lauten konnte: „Niemand."

Was aber geschieht, wenn wir mit diesen beiden Fragen die Erfahrung der Christen untersuchen?

1. Welche objektive Wirklichkeit ist die Grundlage für meine subjektive Erfahrung – nämlich ein verändertes Leben?

Antwort: die Person Jesus Christus und seine Auferstehung.

2. Wie viele andere Menschen haben aufgrund derselben objektiven Wirklichkeit, nämlich Jesus Christus, dieselbe subjektive Erfahrung gemacht?

Antwort: Millionen aus allen Lebenslagen, Völkern und Berufen haben einen nie gekannten Frieden, eine Freude und Siege erlebt, weil sie ihr Leben Christus ausgeliefert haben.

Die christliche Bekehrung ist keine Gehirnwäsche. Obwohl es sich um eine subjektive Erfahrung handelt, basiert sie auf einer objektiven Wirklichkeit und hat sich im Leben aller möglichen und unmöglichen Leute unzählige Male auf oft dramatische Weise wiederholt. Der Apostel Paulus bezog sich in seinem Brief an die Korinther auf diese dynamische Kraft:

„Täuscht euch nicht: Menschen, die in Unzucht leben, Götzen anbeten oder die Ehe brechen, Lustknaben und Knabenschänder,

Diebe oder Habsüchtige, Trinker, Lästerer oder Räuber werden keinen Platz im Reich Gottes haben. Und das sind manche von euch gewesen. Aber durch den Namen des Herrn Jesus Christus und durch den Geist unseres Gottes seid ihr reingewaschen, seid ihr geheiligt, seid ihr gerecht gesprochen worden" (1. Korinther 6,9b-11).

Workshop

So kannst du dem Irrtum von der Gehirnwäsche besser begegnen:

Lies die folgenden Abschnitte aus der Apostelgeschichte und notiere den Namen, die Nationalität und den Beruf des Menschen, dessen Leben durch den Glauben an Christus verändert wurde. Das erste Beispiel kann dir als Muster dienen:

	Name	Nationalität	Beruf
Apg 8,26-39:	unbekannt	Äthiopier	Regierungsbeamter
Apg 9,1-9.17-19:	....		
Apg 10,1-45:	....		
Apg 16,11-15:	....		
Apg 16,22-33:	....		

26

„Richtige Christen zweifeln nicht"

Der Irrtum vom zweifelnden Thomas

Über Thomas sind sehr viele negative Schlagzeilen in Umlauf gebracht worden. Zugegeben, er hat keinen ganz so schlechten Ruf wie Judas, der Jesus schließlich verriet. Vielleicht wird er auch nicht auf dieselbe Stufe gestellt wie Petrus, der den Herrn am Vorabend seiner Kreuzigung dreimal verleugnete. Doch normalerweise wird Thomas den „Versagern" unter den Jüngern – jenen zwölf Männern, die Jesus während seiner dreijährigen Wirksamkeit am nächsten standen – zugerechnet.

Diesen Ruf verdankt Thomas einem Geschehen, das sich nach der Auferstehung Jesu ereignete. Jesus war den Jüngern hinter verschlossenen Türen erschienen. Thomas befand sich jedoch nicht bei ihnen. Als sie ihm später von der Auferstehung Jesu berichteten, erwiderte er: *„Erst muss ich die Nagelwunden in seinen Händen sehen und mit meinen Fingern berühren und meine Hand in seine durchbohrte Seite legen. Vorher glaube ich das keinesfalls."*

Als Jesus dem Thomas kurz darauf erschien, sagte er: *„Leg deinen Finger hier auf die Stelle und sieh dir meine Hände an! Gib deine Hand her und lege sie in meine Seite! Und sei nicht mehr ungläubig, sondern glaube!"* (Johannes 20,27).

Viele Menschen rümpfen, wenn sie diese Worte lesen, über Thomas die Nase, weil er zweifelte. Dabei vergessen sie allerdings, dass auch keiner der anderen Jünger glaubte, *bevor* er den auferstandenen Jesus gesehen hatte. Sie alle hatten Jesu Hände und seine Seite gesehen. Außerdem tadelte Jesus Thomas auch gar nicht. Er sagte nicht: „Du hättest nicht zweifeln sollen." Statt dessen zeigte er dem Jünger die Wunden und sagte: „Zweifle jetzt nicht mehr!" Und schließlich stammt von Thomas, nachdem er die Beweise gesehen hatte (die Bibel verrät allerdings nicht, ob er Jesus wirklich berührte, wie er es verlangt hatte), eines der bedeutendsten Glaubensbekenntnisse. *„Mein Herr und mein Gott"*, sagte er zu Jesus.

Aus irgendwelchen Gründen sind wir dahin gekommen, den Zweifel immer als etwas Negatives zu betrachten. „Richtige Christen zweifeln nicht", sagen wir.

Doch das ist ein Irrtum.

Zweifel sind nicht das Gegenstück zum Glauben; sie sind ein Vorläufer desselben. Zweifel löschen den Glauben nicht aus; sie sollten zum Glauben hinführen. Ja, wie im Fall des Thomas können sie der Anstoß sein, der uns zum wahren Glauben führt. „Im echten Zweifel steckt mehr Glaube", hat der Dichter Tennyson einmal gesagt, „als in der Hälfte aller Glaubensbekenntnisse."

Gordon und William Brown schreiben in ihrem Buch *Der Römerbrief, das Evangelium der Freiheit und Gnade:* „Der Glaube wächst, wo nach der Wahrheit gesucht wird. Der Suchende muss Fragen stellen, und zum Fragen gehören ‚ehrliche Zweifel'. Die ursprüngliche Bedeutung des griechischen Wortes für Zweifel, *skeptikos,* bedeutet ‚umherspähen'."

Der Irrtum, dass ein „echter Christ nicht zweifelt", stammt nicht aus der Bibel. Die Lektion, die wir aus der Erfahrung des Thomas lernen dürfen, lautet, dass der Zweifel etwas Natürliches, Normales ist; dass wir ihn ehrlich zugeben dürfen und dass der aufrichtige Zweifel dem Glauben Platz machen sollte, wenn Jesus uns die Wahrheit offenbart.

Workshop

So kannst du dem Irrtum vom zweifelnden Thomas besser begegnen:

Lies Lukas 24,1-12. Wie reagierten die Jünger, als die Frauen ihnen die Neuigkeit von der Auferstehung Jesu (Vers 11) überbrachten?

Lies Lukas 24,13-24. Wie reagierten die beiden Männer auf der Straße nach Emmaus auf den Bericht von der Auferstehung?

Lies Lukas 24,25-35. Was überzeugte die beiden davon, dass die Auferstehung wirklich geschehen war?

Lies Lukas 24,36-47. Was war die erste Reaktion der Jünger, als ihnen der auferstandene Christus erschien (Vers 41)? Was überzeugte sie (Verse 40, 42, 43 und 45)?

Lies Johannes 20,19-29. Was antwortete Jesus auf den Ausruf des Thomas: *„Mein Herr und mein Gott!"*? (Genauso möchte Jesus, dass auch wir zu dem Punkt kommen, wo wir ihn als unseren Herrn und Gott bekennen.)

Worin bestehen *deine* Zweifel? Bete darum, dass Jesus dich durch deine Zweifel zu einem neuen Bekenntnis deines Glaubens führt.

27

Warum Topfpflanzen keine Gebete erhören

Der Irrtum, jeder könne nach seiner eigenen Fasson selig werden

Kathrin saß mit ihrer Freundin Hanna am Küchentisch. „Ich denke, jeder glaubt am besten das, was für ihn richtig ist. Ich meine, es muss ja nicht unbedingt das Christentum sein. Hauptsache ist doch, dass du überhaupt etwas glaubst."

Hanna legte die Stirn in Falten, als könnte ihr das beim Nachdenken helfen.

„Ich schätze", begann sie, „schließlich geht's beim Christentum ja auch darum, dass man durch den Glauben gerettet wird. Ich schätze", sie unterbrach sich und fuhr dann leise fort,"ich schätze, wahrscheinlich kommt es wirklich nicht so sehr darauf an, was du glaubst, solange du nur fest genug glaubst."

Tut mir Leid, Kathrin; Entschuldigung, Hanna, aber da liegt ihr falsch.

Ein Uniprofessor sagte kürzlich zu seinen Studenten: „Ich glaube an den Glauben. Ich glaube an die Macht des Glaubens. Ich habe gesehen, wie sie Leben verändern kann."

Das ist Existentialismus, kein christlicher Glaube. Der Existentialismus legt die Betonung auf das „Glauben" und nicht unbedingt darauf, an was – oder an wen – man glaubt.

Ich wurde einmal eingeladen, mit dem Leiter des Philosophischen Seminars einer großen Universität an einer Podiumsdiskussion über die marxistische Theorie vom Menschen als einem ökonomisch gesteuerten Wesen teilzunehmen. Im Verlauf der Diskussion äußerte ich, dass die Auferstehung Jesu für mich als Mensch mit einem historisch-biblischen Glauben von wesentlicher Bedeutung sei.

„Schauen Sie, McDowell", unterbrach mich mein Kontrahent, „es geht doch gar nicht um die Auferstehung als solche. Ob sie tatsächlich stattgefunden hat oder nicht, das spielt doch letztlich keine Rolle. Wichtig ist nur, *ob Sie glauben,* dass sie stattgefunden hat."

„Sir", antwortete ich. „Das kann ich so nicht stehen lassen. Die Wahrheit dessen, was ich glaube, ist wichtig. Denn wenn das, was ich glaube, nicht stimmt, dann habe ich kein Recht auf meinen christlichen Glauben."

Nach der Diskussion kam ein islamischer Student direkt auf mich zu.

„Mr. McDowell", sagte er. „Ich kenne einige Muslims, deren Glaube an Mohammed größer ist als der Glaube von euch Christen an euren Christus."

„Das mag stimmen", erwiderte ich. „Doch darauf kommt es letztlich nicht an. Wichtig ist nicht, wie groß mein Glaube ist, sondern woran ich glaube."

Die Bedeutung und der Wert des Glaubens liegen nicht in demjenigen, der glaubt, sondern darin, woran er glaubt. Du magst einen größeren Glauben haben als alle, die vor dir geglaubt haben. Doch wenn du, sagen wir einmal, an die Topfpflanzen in deinem Wohnzimmer glaubst, wirst du dann errettet? Werden dir dann deine Sünden vergeben? Warum nicht, wenn du doch genug glaubst? – Weil das Objekt deines Glaubens eine Topfpflanze ist!

Wenn dein Glaube andererseits jedoch so groß ist wie eine Sommersprosse und du damit an Jesus Christus glaubst, hast du dann eine Beziehung zu Gott? Werden dir dann deine Sünden vergeben? Auf jeden Fall! Und worin besteht der Unterschied? Im Objekt deines Glaubens, sprich: in dem, woran – oder besser, an wen – du glaubst.

Der christliche Glaube ist kein subjektiver Glaube, sondern er hat ein ganz bestimmtes Gegenüber. Darum schreibt der Apostel Paulus in 1. Korinther 15,17: *„Wenn aber Christus nicht auferweckt wurde, ist euer Glaube vergeblich und ihr steckt immer noch in euren Sünden."* Paulus hatte erkannt, dass ein subjektiver Glaube – ganz egal, *wie groß und stark* er ist – nicht ausreicht, um uns von der Sünde zu erlösen. Doch wenn wir unser Vertrauen auf den auferstandenen Jesus Christus setzen, dann werden wir errettet *„aus Gnade ... durch Glauben"* (Epheser 2,8). Der Glaube allein kann uns nicht erlösen; Jesus Christus kann es.

Workshop

So kannst du dem Irrtum, jeder könne „nach seiner Fasson selig werden", besser begegnen:

Lies Johannes 3,16. Beachte die Bedeutung der Worte „an ihn" im Bezug auf das ewige Leben.

Lies Johannes 8,24. Geht es Jesus in diesem Vers um den Glauben als solchen oder um den Glauben an ihn?

Lies Apostelgeschichte 16,30-31. Was (oder an wen) sollte der Gefängniswärter in Philippi glauben?

Schlage Römer 3,22 auf und ergänze im folgenden Vers die fehlenden Worte: *„Es ist die Gerechtigkeit Gottes, die durch den Glauben .... geschenkt wird und allen zugute kommt, die glauben."*

28

Mehr Schein als Sein

Der Irrtum des „Elmer Gantry"

Elmer Gantry ist der Titelheld eines berühmten Romans von Sinclair Lewis. Gantry, ein habgieriger, lüsterner und heuchlerischer Evangelist, predigt das eine und lebt das andere. Seine Worte, seine Predigten und sein Leben sind eine einzige große Heuchelei.

Der Romanheld Elmer Gantry ist in den vergangenen Jahren durch eine Reihe von Skandalen, die mehrere Prediger und Pastoren ruiniert haben, bei weitem übertroffen worden. Jim Bakker, ein bekannter US-Fernsehevangelist, musste aufgrund von Enthüllungen über außereheliche Beziehungen und seiner Bemühungen, den Skandal zu vertuschen, seine Show aufgeben. Er kam sogar vor Gericht. Jimmy Swaggart, der mit harten Worten über Bakker herzog, musste klein beigeben, weil ihm selbst Beschäftigung mit Pornographie nachgewiesen werden konnte. Das Echo, welches diese und andere Skandale in den Medien fanden, hat dem „Elmer Gantry"-Irrtum, dass die Mehrzahl der Prediger, Evangelisten und leitenden Christen Heuchler und Betrüger seien, unerhörten Auftrieb verschafft.

Was Zeitungen, Zeitschriften und Fernsehen, wenn sie von solchen Ereignissen berichten, in den meisten Fällen jedoch verschweigen, ist die Tatsache, dass es immer noch unzählige

Evangelisten und Prediger gibt, die ehrlich und in Demut vor Gott ihren Dienst tun. Die Sünde eines Jimmy Swaggart und sein verzweifeltes Bemühen, seinen Ruf wiederherzustellen, scheinen den fünfzigjährigen, redlichen Einsatz eines Billy Graham völlig in den Schatten zu stellen. Graham hat mit seinen Predigten Millionen von Menschen erreicht, und nie stand sein Leben in Widerspruch zu dem, was er predigte. Dennoch bekennt Graham: „Seit dem Beginn meiner Tätigkeit habe ich Angst gehabt – und habe sie noch immer –, dass ich irgendetwas tun könnte, was dem Herrn Unehre machen würde."

Billy Graham, Luis Palau, Charles Colson und viele andere stehen für die große Zahl von Christen, deren Leben in Einklang steht mit dem, was sie lehren. Unsere sensationslüsterne Gesellschaft sitzt nur zu gern dem „Elmer Gantry"-Irrtum auf, dass die meisten Prediger und Pfarrer nichts als üble Heuchler seien.

Doch das ist ein Irrtum.

Schon Petrus warnte die Christen im ersten Jahrhundert: „Auch unter euch werden falsche Lehrer sein." Er sagte ebenso, um dieser Menschen willen werde *„der Weg der Wahrheit in Verruf geraten"* (2. Petrus 2,1-2). Darum liegt dem Teufel so viel daran, den Irrtum von Elmer Gantry zu verbreiten. Er möchte die Wahrheit in Verruf bringen. Er will, dass die Predigt von treuen, gläubigen Männern und Frauen durch die Sünde und Heuchelei anderer in Misskredit gebracht wird.

Doch unabhängig davon, was andere tun, bleibt Wahrheit doch immer Wahrheit. Die Erlösung geschieht durch Gnade und Glauben an den Herrn Jesus Christus. Gott hat noch immer die Macht, uns *„vor jedem Fehltritt zu bewahren"*, und kann uns *„makellos und mit Freude erfüllt vor seine Herrlichkeit treten lassen"* (Judas 24).

„Weil ihr das alles jetzt schon wisst, liebe Geschwister", sagt Petrus, *„passt auf, dass ihr nicht von dem Irrsinn der Gesetzesverächter mitgerissen werdet und euren festen Stand verliert. Nehmt*

vielmehr in der Gnade zu und lernt unseren Herrn und Retter Jesus Christus immer besser kennen. Ihm gehört alle Herrlichkeit und Ehre, schon jetzt und auch in alle Ewigkeit! Amen" (2. Petrus 3,17-18).

Workshop

So kannst du dem „Elmer Gantry"-Irrtum besser begegnen:

Lies Philipper 1,15-18. Was sagt Paulus über die Menschen, die das Evangelium anscheinend falsch predigen? Was ist für ihn das „Wichtigste"?

Lies 2. Korinther 11,3-15. Paulus fürchtete, die Korinther könnten vom Glauben abgebracht werden, weil einige sich „als Apostel Christi verstellten". Warum meinte Paulus, dass man sich darüber nicht wundern müsse?

Lies 1. Korinther 4,16-17. Paulus verhielt sich so, dass er andere Menschen sogar auffordern konnte, ihn nachzuahmen! Wie konnte er so etwas sagen? (Siehe besonders Vers 17.)

Es kann sein, dass wir mit ansehen müssen, wie sich führende christliche Persönlichkeiten in Skandale verwickeln (lassen). Dennoch warnt Paulus auch uns. Lies 1. Korinther 10,12. Was sollten wir aus solchen Tragödien lernen?

STER
NE
MOND
TRÄUME

29

Das Versprechen der Schlange

Der Irrtum des New Age

Eine Frau mit Lockenwicklern unter dem Kopftuch erzählt ihrer Freundin im Supermarkt mit unbewegtem Gesicht von der erstaunlichen Heilkraft ihrer „mystischen Quarzkugeln“. „Seit über einem Jahr habe ich keine Kopfschmerzen und keine Erkältung mehr gehabt“, erklärt sie.

Ein ruhiger, gut aussehender Mann behauptet, er könne durch Töne und Klangmuster mit verschiedenen Tierarten (Walen, Delphinen, Vögeln) kommunizieren.

Eine attraktive Geschäftsfrau zieht alte chinesische Horoskope zu Rate, um ihre Entscheidungen zu treffen. Und eine 71 Jahre alte Dame „erinnert“ sich daran, im elften Jahrhundert eine katholische Nonne gewesen zu sein.

Gurus, Außerirdische, Hypnose, astrale Projektion, fernöstliche Philosophien – die New-Age-Bewegung ist ein Sammelsurium von Ideen und pseudoreligiösen Vorstellungen, die durch Bücher bekannter Persönlichkeiten (wie zum Beispiel Shirley MacLaines „Out of a limb“) populär gemacht werden.

Was gemeinhin als New-Age-Bewegung bezeichnet wird, ist jedoch keine organisierte Religion und nicht einmal eine einheitliche Szene; vielmehr ist es eine dem Zeitgeist unterworfene Modeerscheinung, die vielerlei Formen annehmen kann. Obwohl es aus diesem Grunde unmöglich ist, die New-Age-Bewegung in wenigen Worten zu skizzieren, zieht sich doch *eine* Vorstellung durch alles New-Age-Denken: der Gedanke nämlich, dass Gott in allem zu finden ist, dass jeder von uns göttlich sei und dass wir durch Bewusstseinsveränderung den „Gott" in uns (und damit den Zugang zu unbegrenztem Potential) finden könnten.

Welch ein Irrtum!

Trotz ihrer großen Popularität, den unzähligen Büchern, Filmen und Seminaren, die es zum Thema gibt, sind Esoterik und New Age nichts Neues, sondern lassen sich bis zurück in den Garten Eden verfolgen.

Schon auf den ersten Seiten der Bibel wird davon berichtet, wie Satan, in Gestalt einer Schlange, Adam und Eva versprach, sie würden „sein wie Gott und wissen, was gut und böse ist", wenn sie von der verbotenen Frucht äßen. Doch Satan, der Erfinder der Halbwahrheit, log. Obwohl Adam und Eva anschließend wussten, was gut und böse ist (vorher hatten sie nur gewusst, was gut ist), wurden sie doch nicht wie Gott.

Die New-Age-Bewegung ist der Beweis dafür, dass die Menschen noch immer denselben Fehler begehen. Vor vierhundert Jahren stellte Montaigne fest: „Der Mensch muss verrückt sein. Er kann nicht einmal eine Milbe ins Leben rufen, aber seine Götter erschafft er sich dutzendweise."

Gottes Wort entlarvt den New-Age-Irrtum mit der Botschaft, dass Jesus, *„der wie Gott war"* und es nicht *„gewaltsam festhielt"*, *„Gott gleich zu sein"*, sondern alles ablegte ... und Mensch wurde. *„... und alle sahen ihn als Mensch. Er erniedrigte sich selbst und er gehorchte Gott – bis zum Verbrechertod am Kreuz"* (Philipper 2,6-8).

Die unvergleichliche Botschaft der Bibel besteht nicht darin, dass der Mensch wie Gott werden kann, sondern dass Gott selbst Mensch wurde und für unsere Sünde starb, damit wir ewig leben können.

Workshop

So kannst du dem New-Age-Irrtum besser begegnen:

Lies 1. Mose 3,1-7. Satan versprach Adam und Eva zweierlei, wenn sie von der Frucht essen würden. Was? Welches dieser Versprechen ging in Erfüllung? Was war mit dem Versprechen, dass sie sein würden wie Gott?

Lies den Bericht von Paulus und Barnabas in Apostelgeschichte14,8-18. Wie reagierte die Menge auf die Heilung? Wie reagierten die beiden Missionare, als die Menge sie als Götter anbeten wollte? Was hätten Paulus und Barnabas auf die Behauptung der New-Age-Bewegung geantwortet, dass wir durch Bewusstseinsveränderung zu Göttern werden könnten?

Lies Apostelgeschichte 12,21-23. Wie reagierte die Menge auf Herodes' Rede? Was geschah mit dem „Gott", den sie anbeteten?

30

Das habe ich nicht verdient!

Der Irrtum vom Anspruch auf Glück

Es ist Freitagabend, und die achtzehnjährige Sabrina ist auf dem Heimweg von der Jugendgruppe. Wie gebannt blickt sie nach vorn, wo ein Auto von der Gegenfahrbahn über den Mittelstreifen kommt und direkt auf sie zu rast. Sie versucht auszuweichen, aber das andere Auto hat ihren Golf bereits erwischt. Sabrina ist auf der Stelle tot. Der Fahrer des anderen Wagens war betrunken.

Eine Hornisse sticht die zweijährige Larissa, als sie im Sandkasten spielt. Ihr Gesicht schwillt in Sekundenschnelle an. Die Mutter erkennt die Gefahr und packt sie ins Auto. Doch bevor sie den Arzt erreichen, ist Larissa tot. Ihre Eltern wussten nicht, dass Larissa auf Insektenstiche allergisch reagierte.

Eine indische Frau aus einer der untersten Kasten bringt ein Baby zur Welt. Es verbringt die vier Monate seines Lebens in einem Pappkarton, bevor es verhungert. Seine Mutter stirbt zwei Monate später.

Das Leben ist nicht gerecht. Babys sterben. Gute Menschen leiden. Christen haben Probleme. Und wenn rechtschaffene Menschen leiden, dann sagen sie oft: „Was für ein Jammer! So etwas habe ich aber wirklich nicht verdient! Das ist nicht gerecht.

Wieso gerade ich?“

Schon seit Generationen haben Menschen diese Frage gestellt, vom alten Patriarchen Hiob, dessen Geschichte wir in der Bibel finden, bis zu Rabbi Harold Kushner, der vor einigen Jahren mit seinem Buch *Wenn guten Menschen Böses widerfährt* Aufsehen erregte.

Die Frage entspringt der immer wieder geäußerten Vorstellung, dass gute Menschen – insbesondere Christen – einen Anspruch darauf hätten, ein sorgenfreies Leben ohne Leid und Schwierigkeiten zu führen.

Doch das ist ein Irrtum.

Gott hat den Christen nie den Himmel auf Erden versprochen. Er hat nie gesagt, das Leben wäre einfach und guten Menschen würde nur Gutes widerfahren. Auch die Menschen, die ihn lieben und ihm dienen, haben keine Garantie für ein bequemes, sorgenfreies Leben.

Sicher, seit Jahrtausenden haben die Menschen dies immer wieder angenommen und erwartet. Doch wer Gottes Wort aufmerksam liest, erkennt bald, dass dem nicht so ist.

Die Jünger stellten Jesus einmal die uralte Frage, warum der Mensch leiden muss. Sie zeigten auf einen Mann, der blind geboren war.

„Meister“, fragten sie ihn, „wer hat gesündigt, dieser oder seine Eltern, dass er blind geboren ist?“

Jesus antwortete: „Weder noch“, und heilte den Mann.

So ist es mit vielem Leid in der Welt. Manche leiden wegen ihrer Sünde, wie zum Beispiel der Mann, der eine Bank überfällt und dafür ins Gefängnis kommt. Andere leiden wegen der Sünde anderer, wie zum Beispiel das missgebildete Baby einer Kokainabhängigen. Doch sehr viel Leid in dieser Welt gehört in die Kategorie „Weder noch“.

Als Gott die Welt erschuf, hat er auch Naturgesetze – wie etwa das Gesetz der Schwerkraft und andere Gesetze der Bewegung – erschaffen. Wir sind Nutznießer dieser Gesetze. Doch hin und wieder werden wir auch zu ihrem Opfer. Manchmal bewirkt das Gesetz der Schwerkraft, dass ein vollbesetztes Flugzeug abstürzt. Das Gesetz der Bewegung kann tragische Folgen haben, wenn zwei Autos zusammenstoßen. Und Gott setzt diese Naturgesetze für gute Menschen nicht außer Kraft.

Das Leben ist nicht gerecht. Und auch nicht fair. Unfälle, Krankheiten, Tragödien, Tod – all dies geschieht auch Christen. Ja, eine sehr realistische Ankündigung, die Jesus seinen Jüngern gab, lautete: „In der Welt habt ihr Angst." Doch Christen haben auch die Zusage: *„Verliert nicht den Mut; ich habe die Welt besiegt"* (Johannes 16,33).

Christen sind vom Leiden nicht ausgenommen. Sie sind jedoch befähigt, es zu ertragen, weil der Eine, der gesagt hat: *„Ich bin jeden Tag bei euch, bis zum Ende der Zeit"*, immer in ihrer Nähe ist (Matthäus 28,20).

Workshop

So kannst du dem Irrtum vom Anspruch auf Glück besser begegnen:

Lies die angegebenen Bibeltexte. Wer musste jeweils leiden? Warum? Hat Gott ihm/ihnen das Leid oder die Trauer erspart? Was (wenn überhaupt) hat Gott für den/die Betreffenden getan?

Apostelgeschichte 4,1-13.21: . . . .

Lukas 23,32-43: . . . .

2. Korinther 6,4-10: . . . .

2. Korinther 12,7-10: . . . .

Märchen und Irrtümer über das Leben und unsere Vorstellung vom Glück

SHOP

31

Der Zeitgeist lässt grüßen

Der Irrtum von der Konsumenten-Mentalität

Er hatte alles. Kurz vor dem Abitur ging mein Freund Richard von der Schule. Nicht, weil er es nicht geschafft hätte. Doch er hatte erkannt, dass er auch ohne Abitur eine Menge Geld verdienen konnte. Er verließ das muffige Klassenzimmer, um in einer Fabrik einen gut bezahlten, zukunftsträchtigen Job anzunehmen.

Mit dem schon bald verdienten Geld konnte Richard sich Dinge leisten, von denen ich nur träumen konnte. Er rutschte mit seinem Allrad-Jeep durch den Schlamm. Er sauste mit seinem Motorschlitten durch den Tiefschnee. Er jagte mit seinem Schnellboot über die Seen. Er konnte das Geld gar nicht so schnell ausgeben, wie er es verdiente.

Ich muss zugeben, dass ich ihn beneidete. Zu Beginn jedenfalls. Dann baute die Firma Arbeitsstellen ab, er wurde entlassen, und das Einkommen war futsch. Richard verlor alles – den Motorschlitten, das Boot, den Jeep. Schlimmer noch, sein ganzes Leben stürzte in sich zusammen und verlor seinen Sinn. Er war derart damit beschäftigt gewesen, Besitztümer anzuhäufen, dass das Streben nach „immer mehr" für ihn zum Lebensinhalt geworden war. Kaum hatte er das Boot gekauft, da überlegte er bereits, was er als nächstes kaufen könnte. Richard war dem

„Konsumenten"-Irrtum aufgesessen, dass nur der wirklich glücklich sein kann, der die richtigen Dinge kauft – und zwar möglichst viel davon.

Früher oder später erliegen wir ihm alle. Arnd, ein Vierzehnjähriger, erzählte mir unlängst, er wisse noch nicht, was er einmal werden wolle, aber auf jeden Fall müsse es etwas sein, wo er „viel Geld verdienen" und sich bald ein schnelles Auto und eine eigene Wohnung leisten könne.

Die Werbebranche ist dazu da, diesen Irrtum zu fördern. Fernsehen, Radio und unzählige Magazine zeigen uns immer wieder all die vielen *Dinge,* ohne die wir (angeblich) nicht leben können: Rolex oder Swatch, Nike, Lacoste, Hermès, Dior, Lancôme, Calvin Klein, BMW oder Porsche, MP3-Player und Camcorder, 4WD und MTV. Die Werbeleute arbeiten sehr hart, um uns davon zu überzeugen, dass das „Haben" und „Habenwollen" allein uns schon glücklich machen können.

Doch wie viel Geld braucht man, um glücklich zu sein? Welches Auto füllt uns aus? Wenn du alles hättest, was auf deinem Wunschzettel steht, würdest du dich dann zufrieden zurücklehnen und sagen: „Phantastisch! Geschafft!", oder würdest du eine neue Wunschliste anlegen?

Das Schwert des Geistes, Gottes Wort, enthüllt den „Konsumenten"-Irrtum als Lüge. Lukas hat uns Jesu Warnung überliefert: *„Passt auf, und nehmt euch vor jeder Art von Habsucht in Acht! Denn auch wenn einer noch so viel besitzt, kann er sich das Leben nicht kaufen"* (Lukas 12,15).

Paulus klingt in seinem Brief an die Philipper wie einer, der es geschafft hat. Alles, was der Mensch zum Glück braucht, das hatte er. *„Freut euch eurer Gemeinschaft mit dem Herrn"*, jubelt er, *„ich sage es noch einmal: Freut euch!"* (Philipper 4,4). Und nicht nur das. In seinem kurzen Brief an die Christen in Philippi kommt das Wort „Freude" oder „freuen" fast zwanzigmal vor. Paulus hatte alles, was er sich wünschte!

Doch halt! Ein kurzer Blick in das erste Kapitel zeigt, dass

Paulus, als er all das über Glück und Freude schrieb, im *Gefängnis* saß. Gemessen an unseren Vorstellungen besaß er nichts. Keine Rolex, keinen Jeep, keine Levis, keinen MP3-Player. Doch er war glücklich. Er sagte: *„Ich habe gelernt, mit dem zufrieden zu sein, was ich habe. Ich kann in Armut leben und mit Überfluss umgehen. Ich bin in alles eingeweiht. Ich weiß, wie es ist, satt zu sein oder zu hungern, ich kenne Überfluss und Mangel. Durch den, der mich stark macht, kann ich in allem bestehen"* (Philipper 4,11-13).

Glück hat nichts mit Besitz zu tun. Echte Freude ist letztlich unabhängig von irgendwelchen Äußerlichkeiten. Der Grund dafür, dass ein Christ, ob er arm oder reich ist, ob sein Leben eher stürmischen Wellen oder einer ruhigen See gleicht, froh sein kann, hat mit seinem inneren Zustand zu tun; mit dem inneren Frieden und der Gewissheit, die nur Jesus Christus geben kann.

Workshop

So kannst du dem Irrtum von der Konsumenten-Mentalität besser begegnen:

Lies 1. Timotheus 6,9. Was sagt diese Stelle über den „Konsumenten"-Irrtum?

Lies 1. Timotheus 6,3-5. Paulus spricht hier von Menschen, die meinen, ein christliches Leben müsse sich auch finanziell auszahlen. In Vers 6 stellt er dem eine andere Haltung gegenüber. Was bezeichnet er als „großen Gewinn"?

Lies Hebräer 13,5. Hier wird ein Grund genannt, warum wir mit dem zufrieden sein sollen, was wir haben. Warum? Was hat Gottes Gegenwart mit unserer Zufriedenheit zu tun?

Lies Lukas 6,38. Was sagt Jesus hier über den Geiz? Und über die Freigiebigkeit? Spricht er nur vom Geld? Schreib einmal auf, was du deiner Meinung nach zum Glück brauchst. Sei ganz ehrlich. Wie viel davon kannst du mit Geld kaufen?

32

Leo „Lippe“ Durocher und die netten Jungs

Der Irrtum, die Netten seien immer die Verlierer

Leo „Lippe“ Durocher war in den 30er und 40er Jahren Stopper bei den Brooklyn Dodgers, den New York Yankees, den Cincinnati Reds und den St. Louis Cardinals. Auch in der Baseball-Oberliga hatte er Erfolg. Am bekanntesten wurde er aber aufgrund seines hitzigen Temperaments und der Philosophie, mit der er sich dafür zu rechtfertigen suchte: „Als netter Kerl bist du immer der Verlierer.“

Durocher boxte und kämpfte sich durch, und als Manager schaffte er es dreimal, seine Mannschaften zu Meisterehren zu bringen. Sein Temperament übertrug sich auf seine Teams. Er glaubte, man müsse treten und kratzen, beißen und boxen, schlagen und verletzen, wenn man gewinnen wolle.

Doch das ist ein Irrtum. Wir nennen ihn den „Leo-Durocher-Irrtum“. Man könnte ihn auch den J. R. Ewing-Irrtum nennen oder zynisch anfügen: „Ja, ja, ehrlich braucht am längsten.“ Aber egal, von welcher Seite man ihn betrachtet, er bleibt ein Irrtum.

Orel Leonard Hershiser IV war der Star der Weltmeistermannschaft von 1988, der Los Angeles Dodgers. Im Laufe der Saison gewann er dreiundzwanzig Spiele. Und nicht nur das. Bis zum Ende der Saison hatte er einen neuen Rekord aufgestellt und war bei 59 Würfen ungeschlagen geblieben. Doch nicht nur das.

Er erhielt die Auszeichnung als bester Spieler des Jahres und wurde außerdem als bester Werfer der National League für den *Cy Young Award* nominiert.

Zufällig ist Orel noch ein netter Kerl. Und er ist Christ. Nachdem er den Rekord aufgestellt hatte, kniete er auf seiner Abwurfstelle nieder und dankte Gott. Nach dem Endspiel der Meisterschaftsrunde berichtete er einem Reporter, dass er vor dem Abwurf christliche Lieder gesummt habe, um ruhig zu werden und sich besser konzentrieren zu können. Am selben Abend bekannte er sich auch in einer Fernsehsendung zu seinem Glauben. Er sagte: „Dies ist zwar keine religiöse Show, aber ich möchte Gott danken."

Obwohl Hershiser sich in der folgenden Saison eine Schulterverletzung zuzog, die seine aktive Karriere beendete, ist er mit seinen Rekorden, seinem Talent und seiner Leistung doch in die Geschichte des Baseballs eingegangen.

Wenn die netten Kerle immer bei den Verlierern sind, wie kam Orel dann an die Spitze?

Die Bibel entlarvt den „Leo-Durocher-Irrtum" als das, was er ist – eine Lüge.

Der Leo-Durocher-Irrtum sagt: „Als netter Kerl bist du immer ein Verlierer." Die Bibel sagt: *„Wie glücklich sind die, die sich nicht selbst durchsetzen! Sie werden das Land besitzen"* (Matthäus 5,5).

Der Leo-Durocher-Irrtum sagt: „Box und kratz dich an die Spitze." Gottes Wort sagt: *„Demütigt euch vor dem Herrn, dann wird er euch erhöhen"* (Jakobus 4,10).

Der Leo-Durocher-Irrtum sagt: „Du kannst auf die andern keine Rücksicht nehmen, wenn du nach oben willst." Die Bibel sagt: *„Den Hochmütigen widersteht Gott, aber den Demütigen gibt er Gnade"* (Jakobus 4,6).

Der Leo-Durocher-Irrtum sagt: „Bahn frei. Jetzt komme ich. Alle herschauen!" Jesus sagt: *„Denn jeder, der sich selbst erhöht, wird erniedrigt werden, und wer sich selbst erniedrigt, wird erhöht werden"* (Lukas 14,11).

Manchmal sind die netten Kerle die Verlierer. Manchmal verlieren aber auch die nicht so netten. In seiner Zeit als Manager der Oberliga schaffte es Durocher dreimal, mit seinen Teams an die Spitze zu kommen. Einundzwanzig Mal schaffte er es nicht. Und manchmal war seine Mannschaft sogar Letzter.

Doch manchmal, wie im Fall von Orel Hershiser, gelingt es einem netten Kerl durch hartes Training, Durchhaltevermögen, Entschlossenheit und Demut, an die Spitze zu kommen. Und die Befriedigung über einen solchen Erfolg ist weitaus größer, weil er auf ehrliche und faire Art errungen wurde.

Workshop

So kannst du dem Irrtum, dass „ehrlich am längsten braucht", besser begegnen:

Lies 1. Mose 39,1-6. Joseph kam als Sklave nach Ägypten. Dort erhielt er im Hause Potiphars, des Ägypters, eine einflussreiche Stellung (und stieg später noch weiter auf – zum Stellvertreter Pharaos). Wie kam Joseph „an die Spitze"?

Lies 2. Samuel 1,1-12. Die hier berichteten Ereignisse führten dazu, dass David zum König von Israel wurde. Was empfand er dabei, endlich „an die Spitze" gekommen zu sein?

Lies Lukas 14,7-11. Das Gleichnis ist nicht nur voller Weisheit, sondern auch voll gesundem Menschenverstand. Wie könntest du die Botschaft des Gleichnisses umschreiben? „Es ist besser, von sich selbst . . . . zu denken und dann widerlegt zu werden, als sich selbst für . . . . zu halten und dann widerlegt zu werden."

33

Von Yuppies, Punks und Skins

Der Irrtum der Superfrommen

Du findest sie überall. Yuppies, Punks und Skins, Manta-Fans und Reps, Junkies und Grufties. Die Namen und Bezeichnungen ändern sich, aber die Grundidee bleibt dieselbe. Es gibt die Richtigen, und es gibt die Verkehrten. Und du musst aufpassen, dass du nicht mit den Verkehrten gesehen wirst.

Sie unterscheiden sich in der Kleidung – Bomberjacke oder karierter Flanell; in der Frisur – Glatze oder Popperschnitt; in den Schuhen – Militärstiefel oder Adidas; in der Musik, die sie hören; oder in der Freizeitbeschäftigung.

Und es gibt noch jede Menge anderer Kategorien. Doch das Wichtigste ist: Es gibt solche, mit denen kannst du dich zeigen, und andere, mit denen möchtest du nicht einmal tot gesehen werden. Die Argumentation geht so: Wenn du zu einem Skin nett bist, dann könnte ja etwas von seiner Haltung auf dich abfärben. Oder die anderen, die dich beobachtet haben, könnten denken, du seist ein Sympathisant. Und das geht natürlich nicht, oder?

Jesus hatte dasselbe Problem. Er war ein Rabbi. Und es gab gewisse Leute, mit denen ein Rabbi verkehren konnte. Das waren vor allem andere Rabbis und „besonders religiöse" Menschen. Die Pharisäer zum Beispiel hatten strenge Richtlinien ausgearbeitet, die genau definierten, wer richtig war und wer nicht. Doch Jesus setzte sich über diese Richtlinien hinweg. Er tat sich mit „den Falschen" zusammen. Er aß mit Zöllnern. Er berührte Aussätzige. Er sprach mit einer samaritanischen Frau (und das bildete gleich ein zweifaches: „Das geht aber nicht!").

Die Folge war: Er wurde kritisiert und ausgelacht. Er begegnete der Pharisäer-Haltung mit einer derartigen Geringschätzung, dass er *„ein Schlemmer und Säufer"* und ein *„Freund von Zöllnern und Sündern"* genannt wurde (Lukas 7,34).

Jesus ließ sich von ihrem Spott allerdings nicht beeindrucken. Am Ende zeigte es sich, dass einige seiner treuesten Freunde aus der falschen Gruppe kamen. Matthäus, ein verachteter Zolleinnehmer, war unter den zwölfengsten Jüngern. Der arme, blinde Bettler, den Jesus geheilt hatte, trat den Pharisäern entgegen und bezeugte mutig, was Jesus für ihn getan hatte. Und Maria Magdalena, aus der Jesus sieben Dämonen ausgetrieben hatte, war eine der wenigen, die Jesus selbst während der Kreuzigung nicht verließen.

Wer weiß? Vielleicht würdest du auch zwischen den verachteten Gestalten in deiner Schule einen Freund entdecken ... Sicher, der Preis ist hoch. Doch es könnte sich lohnen.

Jesus hat schließlich auch zu dir gesagt: *„Ich habe euch alles mitgeteilt, was ich von meinem Vater gehört habe. Nicht ihr habt mich erwählt, sondern ich habe euch erwählt. Ich habe euch dazu bestimmt, hinzugehen und Frucht zu tragen – Frucht, die Bestand hat. Wenn ihr dann den Vater in meinem Namen um etwas bittet, wird er es euch geben. ‚Liebt euch gegenseitig!', das ist mein Gebot"* (Johannes 15,15b-17).

Workshop

So kannst du dem Irrtum der Superfrommen besser begegnen:

Die Evangelien zeigen, dass Jesus ein beliebter und gern gesehener Gast bei Familienfeiern und Festen war. Lies folgende Bibelabschnitte und schreibe auf, wen Jesus zu seinen Freunden zählte:

Matthäus 9,9-13: ....

Markus 14,3: ....

Lukas 7,36-39: ....

Lies Lukas 19,1-10. Obwohl Jesus sich nicht von „Zöllnern" und „Sündern" fernhielt, hieß er ihr Verhalten doch nicht gut. Wer beeinflusste wen in diesem Bericht über Zachäus? Was bedeutet das für dich und deine Situation?

34

Wann ist ein Mann ein Mann?

Der Irrtum von der Männlichkeit

Ihr könnt es mir glauben, die folgende Unterhaltung im Umkleideraum für Jungs dürfte eure Mutter wahrscheinlich nicht hören.

Achim wirft mit seinem Handtuch nach dir. „He, Marc, wie ist es dir letzten Freitag mit Andrea ergangen?"

Der Typ neben dir rammt dir den Ellbogen in die Rippen. „Hast du das große Los gezogen?"

Ein anderer: „Heiße Frau, was?"

„Hat sie dir am nächsten Morgen das Frühstück gemacht?"

Die anderen kichern, machen obszöne Gesten, wiegen sich in den Hüften oder geben so sinnige Kommentare ab wie „Wow!" oder „Geil" oder „Oh, Mann!"

Viele spüren aber auch den Druck, dem sie im Umkleideraum ausgesetzt sind. Selbst wenn sie es nicht direkt zugeben würden, sie *müssen* auf jeden Fall den Eindruck erwecken, sie hätten landen können, sie hätten es geschafft, sie hätten mit ihrer Freundin geschlafen. Wenn nicht, dann gelten sie als Feiglinge. Sex ist wie eine Aufnahmeprüfung. Solange du sie nicht abgelegt hast, bist du kein Mann.

Doch das ist ein Irrtum, eine satanische Lüge.

Im Laufe einer großen Aufklärungskampagne in Amerika habe ich unzähligen jungen Leuten die Frage gestellt: „Was hat Geschlechtsverkehr mit Männlichkeit zu tun?" Und ich fügte hinzu: „Schon ein Zwölfjähriger kann ja theoretisch Sex haben. Der Mann zeigt sich erst darin, dass er ‚Nein' sagen kann!"

Es gehört eine Menge Mut dazu, aufzustehen und zu sagen: „Sieh mal, im Moment möchte ich mich sexuell nicht engagieren." Unberührtheit ist etwas, worauf man stolz sein kann; nicht etwas, weswegen man sich schämen müsste.

Geschlechtsverkehr zu haben, ist verhältnismäßig einfach. Dazu braucht es weder Reife noch Charakterstärke. Sich nicht der Meinung der Mehrheit anzupassen, das ist schwierig. Dazu braucht man Charakter, Stärke und Mut.

Du weißt es vielleicht nicht, aber in der Bibel finden sich einige ziemlich eindeutige Berichte über sexuelle Versuchungen und Sünden. Einer davon handelt von Joseph.

Joseph arbeitete für einen hohen ägyptischen Beamten namens Potiphar. Die Bibel erzählt: *„Joseph aber war schön von Gestalt und schön von Aussehen. Und es geschah nach diesen Dingen, da warf die Frau seines Herrn ihre Augen auf Joseph und sagte: Liege bei mir!"* (1. Mose 39,6-7).

Joseph hätte sich ohne weiteres verführen lassen können. Dann hätte er auch stolz durch den Umkleideraum spazieren und mit seiner Eroberung prahlen können. Er hätte seine „Männlichkeit" beweisen können.

„Er weigerte sich aber", sagt die Bibel. Mehr als einmal übrigens. Und was brachte ihm die Abwehr ihrer Annäherungsversuche? Er landete im Gefängnis. Doch Joseph hatte Charakter, er war stark und hatte Mut – er war ein Mann.

Nur ein echter Mann kann sich dem Einfluss des Umkleideraums widersetzen. Nur ein echter Mann bringt den Mut auf, seinem Gewissen zu folgen. Nur ein echter Mann kann sich dem Anpassungsdruck entziehen. Nur ein echter Mann bringt es fertig, „Nein" zu sagen.

Workshop

So kannst du dem Irrtum vom großen Eroberer besser begegnen:

Lies 1. Mose 39,1-9. Joseph hätte Gelegenheit gehabt, mit Potiphars Frau ins Bett zu gehen. Wie reagierte er (Vers 8)? Er hatte zwei Argumente für seine Entscheidung. Welche?

Lies 1. Mose 39,10. Wie oft war Joseph der Versuchung ausgesetzt? Wie versuchte er, ihr zu entgehen?

Lies 1. Mose 39,11-23. Wie reagierte Joseph, als er mit Potiphars Frau schon wieder allein und ihren erneuten Verführungskünsten ausgesetzt war? Joseph wurde aufgrund seiner korrekten Haltung sogar noch bestraft. Dennoch wurde ihm die Weigerung, sich gegen Gott zu versündigen, zum Segen. Weshalb?

35

Der freundliche Polizist

Der Irrtum vom Glück der Egoisten

„Sie Trottel! Es ist mir völlig egal, wie Sie es anstellen. Besorgen Sie mir AUF DER STELLE diese Tabellen und Statistiken. Haben Sie verstanden?"

Rahel Müller knallte den Hörer auf die Gabel und rief nach ihrer Sekretärin. Die dicken Polster und die mahagonigetäfelten Wände ihres Büros zeugten von ihrer Position. Das Buch auf dem Schreibtisch gab etwas von ihrer Haltung wieder: *So werde ich die Nummer Eins.* Durch rücksichtsloses Verfolgen ihrer eigenen Ziele und Interessen war Rahel auf der Karriereleiter innerhalb des Betriebes schnell nach oben geklettert. Es machte ihr nichts aus, dass sie gewissermaßen „über Leichen" gegangen war, um ihren Posten zu erreichen. Sie pflegte keine falsche Bescheidenheit. Die eigene Wichtigkeit erfüllte sie vielmehr mit heimlichem Stolz.

Die Sekretärin betrat den Raum, und Rahel begann ihre Befehle auszuteilen.

„Lassen Sie diesen dämlichen Peterson sofort zu mir kommen. Und Alice soll auf der Stelle alles liegenlassen, was sie für Soundso erledigt, und sich an meine Unterlagen machen ..."

Sie unterbrach sich. Etwas im Blick ihrer Sekretärin machte sie unsicher.

„Ihre Tochter", sagte die Sekretärin. „Der Babysitter hat gerade angerufen. Daniela ist spurlos verschwunden."

Rahel griff nach dem Telefon. Wie ein Maschinengewehr feuerte sie ihre Fragen in den Hörer. Schließlich hängte sie auf und befahl der Sekretärin: „Rufen Sie sofort meinen Ex-Mann an. Er soll auf schnellstem Wege zum Babysitter fahren."

Rahel selbst schmiss sich in den Ledersitz ihres BMW und brauste hinaus auf die Straße. Hupend, wilde Blicke um sich werfend und allen Hindernissen ausweichend, bahnte sie sich ihren Weg zum Haus des Babysitters. *„Wenn irgend etwas passiert ist, bringe ich mich um."* Sie raste bei Rot über eine Kreuzung. *„Was ist, wenn ich sie nicht finde? Ich brauche Hilfe."*

Der Wagen schleuderte um eine Kurve. *„Wer könnte mir helfen?"* Der Gedanke machte ihr Angst. *Wer würde ihr helfen?* Rahel erkannte plötzlich, dass sie sich immer nur um sich selbst gedreht hatte und dass niemand da war, der ihr helfen oder an den sie sich wenden konnte. *„Wahrscheinlich dachte ich, nie die Hilfe anderer zu brauchen. Ich habe immer so getan, als seien alle anderen unwichtig ... außer mir."*

Sie war inzwischen fast angekommen. Als sie sich der letzten Kreuzung näherte, nahm sie den Fuß nur etwas vom Gas. Plötzlich sah sie den Polizisten und trat voll auf die Bremse, so dass die Reifen quietschten. Wut stieg in ihr auf, und sie war kurz vor dem Explodieren. Sie kannte den Mann, der da mit dem Rücken zu ihr auf dem Zebrastreifen stand. Schon seit Jahren stand er an dieser Ecke und winkte den Autos, dass sie halten sollten, um die Schulkinder sicher über die Straße zu lassen. Für Rahel war er nie mehr gewesen als ein unbedeutender, etwas vertrottelter alter Mann. Und nun zwang er sie dazu, mit kreischenden Bremsen anzuhalten und kostbare Zeit zu verlieren. Sie öffnete den Mund, um ein paar wüste Beschimpfungen loszulassen, als sie plötzlich sah, dass er ein Kind an der Hand hielt – *ihr* Kind, Daniela!

Sie riss die Tür auf und rannte hysterisch zu dem Mann

hinüber. Sie zerrte die kleine Dreijährige aus seinem Arm und drückte sie dankbar an sich. Rahel, die leitende Angestellte, fühlte sich auf einmal seltsam klein. Plötzlich war der alte Mann wichtig.

Rahel Müller steht für den Egoisten; für einen Mensch, der denkt, er oder sie sei der Mittelpunkt, um den sich alles drehen müsse. Ein Egoist setzt sich immer an die erste Stelle. Er denkt: „Was gehen mich die andern an. Solange ich aus dem Leben herausholen kann, was ich will, bin ich glücklich."

Doch das ist ein Irrtum.

Manche Menschen, die diesem Irrtum vom Egoistenglück verfallen, werden tatsächlich reich und mächtig; aber sie werden auch einsam und verbittert.

Jesus lehrte, dass jeder Mensch, auch das kleinste Kind, in Gottes Augen ungeheuer wichtig ist. Wenn du den Wert der Menschen in deiner Umgebung erkennst und anerkennst, dann wird dich das glücklich – nicht unglücklich – machen. Wiederholt betonte Jesus: „Liebe deinen Nächsten wie dich selbst." Nicht weniger als dich selbst. Aber auch nicht mehr als dich selbst.

Nein, Gott hat dich nicht zum Mittelpunkt des Universums gesetzt. Doch er möchte in *deinem* Leben der Mittelpunkt sein.

Workshop

So kannst du dem Irrtum, jeder sei sich selbst der Nächste, besser begegnen:

Jeder der folgenden Bibeltexte handelt von einem Egoisten. Beantworte für jeden von ihnen die beiden Fragen: Wer ist der Egoist/Wer sind die Egoisten? Was wird aus ihm/ihnen?

2. Samuel 15,1-12; 18,17: ....

....

1. Könige 1,5-6.42-53: ....

....

Jesaja 14,3-4.12-15: ....

....

Matthäus 20,20-28: ....

....

STYLING

36

Die Schöne ist das Biest

Der Irrtum von der ewigen Schönheit und Jugend

Catherine könnte ohne weiteres als Titelmodell für *Vogue* oder *Amica* posieren. Ihre schlanke Figur scheint wie geschaffen für ein schwarzes Abendkleid. Ihr Charme und ihre Eleganz wären eine Bereicherung für jede Jet-Set-Party. Was tut sie also in der Gosse?

Catherine (Linda Hamilton), Star der amerikanischen Fernsehserie *Die Schöne und das Biest,* steigt in die Behausung (alte U-Bahn-Schächte, um genau zu sein) von Vincent hinab, dem von Ron Perlmann dargestellten Ungeheuer. Die Geschichte ist alt, nur die Szenerie ist modern. Doch was mich interessiert, ist: Was findet sie bloß an ihm?

Ich meine, da ist diese phantastische Brünette, die aussieht, als wäre sie gerade dem Titelblatt eines Life-Style-Magazins entsprungen, und sie verliebt sich in einen Typ, der wie ein Raubtier aussieht und im Untergrund lebt. Was soll das?

Okay, das macht ja gerade den Reiz der Show aus. Catherine fühlt sich nicht wegen, sondern *trotz* seines Aussehens zu Vincent hingezogen. Sie liebt den Typ, der sich unter der Löwenmähne verbirgt. Sie liebt ihn wegen seiner Empfindsamkeit und seinem Mitgefühl ... und vielleicht auch wegen seiner wunderbaren Stimme. Und die Show kommt vielleicht gerade deshalb so gut an, weil eine solche Liebe selten geworden ist.

Das liegt daran, dass zu viele von uns dem Irrtum von der ewigen Schönheit und Jugend auf den Leim gegangen sind. Wir glauben tatsächlich, dass es allein aufs Äußere ankommt; dass ein Mädchen, das nicht so aussieht wie Heidi Klum, oder ein Junge, der nicht daherkommt wie Brad Pitt, überhaupt nicht attraktiv wären.

Doch das ist ein Irrtum.

Fernsehen, Illustrierte, Kino und Videos hämmern uns ununterbrochen ein, was als schön zu gelten hat und was nicht. Die Medien wollen uns außerdem weismachen, dass schön mit glücklich gleichzusetzen sei. Nun meine ich durchaus nicht, ein Christ müsse zwangsläufig hässlich sein. Doch wir müssen auch nicht aussehen, als würden wir im nächsten Moment für Rasierwasser oder Make-up Reklame machen wollen. Wir müssen erkennen, dass zu echter Schönheit viel mehr gehört als eine Traumfigur, durchtrainierte Muskeln und blaue Augen. Wahre Schönheit ist meist viel mehr Ausdruck einer inneren Haltung und Einstellung. Gott wählte David nicht aufgrund seiner äußeren Erscheinung oder körperlichen Tüchtigkeit zum König über Israel, denn *„der Herr sieht nicht auf das, worauf ein Mensch sieht"*, sagt die Bibel. *„Ein Mensch sieht, was vor Augen ist; der Herr aber sieht das Herz an"* (1. Samuel 16,7).

Oft ist das, was die Welt gemeinhin unter Schönheit versteht, nicht einmal ein besonderer Segen. So unglaublich es auch klingen mag, manchmal ist gerade die Schönheit das Biest, das ein Mädchen in Depressionen stürzt oder einem Jungen die Selbstachtung raubt. Es gibt viele „schöne" Menschen, die einsam, unsicher und unausgefüllt sind.

Wahr ist: Wenn du das Glück in deiner Haarfarbe oder der neuesten Mode suchst, dann wirst du enttäuscht werden. Natürlich ist Kleidung wichtig. Doch versuch einmal, *hinter* das Bild zu sehen, das dir im Spiegel entgegenblickt. Ob dir der Mensch, den du dort siehst, gefällt, hat viel mehr mit dem zu tun, was du *nicht* siehst, als mit dem, was du sehen kannst.

Workshop

So kannst du dem Irrtum von der ewigen Schönheit und Jugend besser begegnen:

Die Bibel spricht immer wieder davon, was nötig ist, um glücklich zu werden. Lies die folgenden Verse und schreibe auf, was jeweils als Schlüssel zum Glück genannt wird. Unterstreiche jeden Begriff, der von äußerlichen Eigenschaften abhängig ist.

Psalm 144,15: ....

Psalm 32,1: ....

Sprüche 3,13: ....

Sprüche 14,2: ....

Sprüche 16,2: ....

Lukas 11,28: ....

Jakobus 1,12: ....

1. Petrus 3,14: ....

!?
STOP
NICHT AN
DEN RAND
TRETEN!
GEFAHR!
ABGRUND

37

Alle tun's doch!

Der Irrtum der Konformisten

„Nun komm schon, Ma, stell dich nicht so an", bettelte Andrea. „Da gibt's doch keine Drogen oder so'n Zeug. Es ist eine stinknormale Party."

„Nein, du gehst mir zu keiner Party – ob sie nun bei Axel ist oder bei sonst jemandem –, solange ich nicht weiß, dass auch ein paar Erwachsene dabei sind."

„Ich glaub's ja nicht", sagte Andrea. „Alle anderen kommen auch. Ich bin wahrscheinlich die einzige, die nicht darf, weil ihre Mutter es verbietet."

Andrea sprach das ganze Wochenende kein Wort mehr mit ihrer Mutter. „Alle gehen heutzutage zu solchen Partys", schmollte sie. „Es ist nicht mehr so wie damals, als Vater und du noch jung waren."

Sie war darum sehr überrascht, als sie am Montagmorgen in der Schule erfuhr, dass auch Julia nicht auf Axels Party gewesen war.

„Meine Eltern wollten mich nicht hingehen lassen", bekannte Julia. „Nicht einmal Claudia war da."

Andrea hatte gemeint, alle würden zu Axels Party gehen. Sie war zwar noch nicht ganz versöhnt mit der Entscheidung ihrer Mutter; aber sie fühlte sich doch schon ein bisschen besser.

Andrea war einer weitverbreiteten Überzeugung aufgesessen – der Meinung nämlich, dass „es ja alle tun".

Doch das ist ein Irrtum.

Nicht alle tun es. Manchmal scheint es zwar so auszusehen. Doch wer einmal darauf achtet, wird bald feststellen, dass viel weniger Leute „es tun", als die Menge uns glauben machen möchte.

Nicht alle haben vorehelichen Geschlechtsverkehr. Meine eigenen Umfragen haben ergeben, dass mehr als fünfzig Prozent der christlichen Kids „es" nicht tun. Das ist eine beachtliche Zahl.

Nicht alle rauchen. Statistiken zeigen, dass achtzig Prozent der Jugendlichen in den Vereinigten Staaten heute nicht rauchen.

Nicht alle trinken Alkohol. Verschiedene Untersuchungen belegen, dass etwa dreißig Prozent aller amerikanischen High-School-Schüler keinen Alkohol trinken und etwa zehn Prozent ihn nie versucht haben.

Nicht alle nehmen Drogen. Das Institut für Sozialforschung der Universität von Michigan berichtete von einem starken Rückgang des Konsums von Kokain und anderen Drogen bei den Teenagern. Mehr als vierzig Prozent aller amerikanischen Jugendlichen haben während ihrer gesamten Schulzeit *keine* illegalen Drogen genommen.

Nicht alle verlieren ihren „Kinderglauben". Eine Befragung unter zweitausend Teenagern hat ergeben, dass 61 Prozent die Religion als wichtigstes Element in ihrem Leben betrachten.

Die Lüge, dass „alle es tun", wird von Teenagern oft benutzt, um ihre Freunde oder ihre Clique so zu manipulieren, dass sie sich der vermeintlichen Mehrheit anpassen. Aber glaubt ihnen nicht! Nicht alle tun es! Eine recht stattliche Anzahl Jugendlicher kann auch heute noch nein sagen. Und sie tun es auch. Nicht immer, aber immer öfter.

Workshop

So kannst du dem Konformisten-Irrtum besser begegnen:

Schreib auf die freien Linien die Namen von Jugendlichen, von denen du weißt, dass sie „es“ nicht tun (und vergiss nicht, den wichtigsten Namen zu notieren – nämlich deinen eigenen!):

Von den fünfzig Prozent, die keinen vorehelichen Geschlechtsverkehr haben:

....

Von den achtzig Prozent, die nicht rauchen:

....

Von den dreißig Prozent, die keinen Alkohol trinken:

....

Von den vierzig Prozent, die keine illegalen Drogen nehmen:

....

Von den 61 Prozent, für die der Glaube das Wichtigste in ihrem Leben ist:

....

38

Kann denn Liebe Sünde sein?

Der Irrtum von den verklemmten Frommen

Viele meinen auch heute noch, die Christen hätten eine sehr heuchlerische, prüde Einstellung zu allem, was mit Sex zu tun hat, und würden an einen Gott glauben, der Sex und Geschlechtlichkeit verdammt und verurteilt.

Doch das ist ein Irrtum.

Liebe ist keine Sünde. Sex ist weder verkehrt noch etwas, weswegen man sich schämen müsste.

Gott ist nicht gegen Sex. Schließlich hat er ihn ja erfunden! Er hat die ganze Sache in Gang gebracht. Im Schöpfungsbericht heißt es: *„Und Gott schuf den Menschen nach seinem Bild, nach dem Bild Gottes schuf er ihn; als Mann und Frau schuf er sie"* (1. Mose 1,27). Er erschuf Mann und Frau mit ihren Geschlechtsorganen, mit ihrer Sexualität und natürlichen Sinnlichkeit. Und er sah diese Geschöpfe an, und, so sagt die Bibel, *„Gott sah alles, was er gemacht hatte, und siehe, es war sehr gut"* (1. Mose 1,31).

Das Geschlechtsleben war von Anfang an ein Teil von Gottes Plan. Als er den Menschen sagte: „Seid fruchtbar und mehret euch", da meinte er, sie sollten ihm auch durch ihre Geschlechtlichkeit gehorchen.

In der Bibel befinden sich einige recht eindeutige Berichte

über die Sexualität. Das Hohelied Salomos zum Beispiel ist ein Liebesgedicht, das manchen Puritaner (strenggläubige Christen in den USA) schockieren kann. Auch der Apostel Paulus gibt den Ehepaaren in der Gemeinde von Korinth recht deutliche Ratschläge. Die Bibel scheut sich jedoch nicht zu betonen, dass Sex in die Ehe gehört. *„Haltet die Ehe in Ehren und bleibt einander treu!“*, sagt der Schreiber des Hebräerbriefes. *„Denn Menschen, die in Unzucht und fortwährendem Ehebruch leben, werden von Gott gerichtet“* (Hebräer 13,4).

Gott hat den Geschlechtstrieb geschaffen; der Mensch hat ihn aus dem Ehebund herausgelöst und entweiht. Gott wollte, dass der Geschlechtsverkehr ein erfüllendes, aufregendes und zutiefst befriedigendes Erleben zwischen einem Mann und einer Frau ist, die sich in völliger Hingabe gemeinsam an ihrer Sexualität erfreuen. Der Mensch hat dieses Geschenk Gottes missbraucht und pervertiert.

Wenn Gott sagt: „Du sollst nicht ehebrechen“ (beziehungsweise keine außerehelichen sexuellen Beziehungen haben), dann tut er das nicht, weil er der große kosmische Spielverderber ist, sondern vielmehr, weil er möchte, dass wir wirklichen Spaß, wirkliche Freude und echte Liebe erleben. Gott möchte uns vor Argwohn und Eifersucht bewahren und sicherstellen, dass die Grundvoraussetzung für eine erfüllte Liebe, Ehe und geschlechtliche Beziehung gewährleistet ist, nämlich Vertrauen.

Er möchte uns die Angst vor durch Geschlechtsverkehr übertragenen Krankheiten ersparen und uns helfen, dass wir mit einem sexuell reinen Gewissen in die Ehe gehen können.

Er möchte uns vor schlechten Beziehungen bewahren, die künstlich am Leben erhalten werden und – wegen des sexuellen Engagements – oft in unglückliche Ehen münden.

Und schließlich möchte er uns unsere Unberührtheit bewahren, damit wir unserem zukünftigen Partner in der Hochzeitsnacht das größte Geschenk machen können, das der Liebe überhaupt möglich ist.

Workshop

So kannst du dem Irrtum, die Frommen seien sexuell verklemmt, besser begegnen:

Lies Sprüche 5,1-23. Beachte den Gegensatz, den der Verfasser zwischen unerlaubtem Sex und Sex in der Ehe herausstellt. Achte besonders auf seine Schilderung des sexuellen Verhaltens in der Ehe in Vers 18 und Vers 19.

Lies im Hohenlied Salomos die Kapitel 3–5. Dieses Liebesgedicht schildert das sinnliche (aber nicht nur sexuelle) Vergnügen, das Gott dem Mann durch seine Frau und der Frau durch ihren Mann schenken will.

KEINE
MACHT FÜR
NIEMAND!

39

„Ich will endlich frei sein!“

Der Irrtum der Rebellen und Anarchisten

Hermann, der Taschenkrebs, stürmte über den Meeresboden und verschwand unter dem Familienfelsen.

„Ich will endlich frei sein!“, brüllte er seinem Vater entgegen. „Ich begreife nicht, wieso du von mir erwartest, vierundzwanzig Stunden am Tag diesen blöden Panzer zu tragen! Ich fühle mich eingeengt. Er hindert mich an der freien Entfaltung. Ein paar von den Kids starten eine Anti-Panzer-Protestgruppe, und du kannst sicher sein, ich bin dabei!“

Sein Vater, Fred, der Krebs, holte tief Luft und legte eine seiner schweren Scheren auf Hermanns Schulter (auch Krebse haben Schultern, obwohl nur ein Krebs weiß, wo sie beginnen und wo sie aufhören). Hermann rollte mit den Augen.

„Mein Sohn“, sagte er, „ich will dir eine Geschichte erzählen.“

„Paps, nicht schon wieder ...“

„Sie handelt von Simon, dem Jungen, der darauf bestand, barfuß in die Schule zu gehen. Er beschwerte sich darüber, dass ihn die Schuhe zu sehr einengten. Sie hinderten ihn an der Entfaltung seiner Persönlichkeit, sagte er. Er wollte frei sein und barfuß durch die Blumen und das Gras, durch Felder und Flüsse laufen. Schließlich gab seine Mutter nach. Er rannte aus dem Haus – und weißt du, was dann geschah?“

Hermann öffnete den Mund, aber sein Vater redete weiter, bevor er antworten konnte: „Simon trat vor dem Haus in die Scherben einer zerbrochenen Colaflasche. Sein Fuß musste mit zwanzig Stichen genäht werden, und ein anderer Typ ging mit seiner Freundin ins Kino."

„Das ist aber eine ziemlich blöde Geschichte."

„Vielleicht, mein Sohn. Doch die Sache ist die – jeder Krebs hat irgendwann einmal so gedacht wie du, dass das Leben doch viel schöner wäre, wenn er seinen Panzer loswerden und endlich frei sein könnte. Aber das ist, wie wenn es einem Matrosen auf seinem Schiff zu eng wird und er ins Meer springt. Er meint vielleicht, dort frei zu sein. Doch wenn er nicht zurück aufs Schiff geholt wird oder schnell an die Küste gelangt, dann geht er unter – und was ist das für eine Freiheit?"

Hermann dachte über die Worte seines Vater nach.

„Bald wirst du deinen Panzer abwerfen, mein Sohn", sagte dieser.

Der junge Krebs blickte überrascht auf.

„Ja, in der Tat", beantwortete der Vater Fred seinen fragenden Blick. „Das nennt man häuten. Alle Krebse tun das, wenn sie größer werden. Aber", sagte er mit warnendem Blick, „wenn das geschieht, dann bist du verletzlicher als je zuvor in deinem Leben. Bis die neue Schale so hart und fest ist wie diese", und er klopfte seinem Sohn auf den gepanzerten Rücken, „musst du viel, viel vorsichtiger sein als jetzt. Ohne deinen Panzer bist du viel weniger frei, als du es jetzt bist."

„Das ist komisch, Paps", sagte Hermann. „So habe ich das noch nie gesehen. Du meinst also, dass es Dinge gibt, die uns zwar behindern, die uns aber in Wirklichkeit erst die richtige Freiheit ermöglichen?"

Fred legte seine Riesenschere auf Hermanns Rücken, und zusammen krochen sie unter dem Familienfelsen hervor.

„Von wem hast du das nur?", fragte er seinen Sohn, und Stolz schwang in seiner Stimme mit.

Workshop

So kannst du dem Anarcho- und Rebellenirrtum besser begegnen:

Viele Menschen halten die Zehn Gebote und die Lehren Jesu für einengend und behindernd. In Wirklichkeit jedoch ermöglichen sie dem, der sich an sie hält, erst die wahre Freiheit.

Lies 2. Mose 20,1-17. Welche Freiheiten könnten aus dem Gehorsam gegenüber diesen Geboten resultieren? (Gehorsam gegenüber dem sechsten Gebot zum Beispiel könnte bedeuten, dass man vor schlimmen Folgen bewahrt bleibt.)

Lies Matthäus 5,1-12. Welche Freiheiten gewinnt man, wenn man Jesu Lehren aus diesen Versen folgt?

Lies Johannes 8,36. Schreib den Vers hier auf:

....

....

....

40

Sterne in deinen Augen

Der Irrtum von der Liebe auf den ersten Blick

Es war der erste Schultag nach den Ferien. Ich stand mit ein paar Freunden auf dem Schulhof, und wir redeten, na ja, du weißt schon, über was Jungs so reden. Und plötzlich kam sie – die Neue.

Im Moment, wo sie den Schulhof betrat, wusste ich, dass sie die Richtige war. Mann, sie war einfach umwerfend. Blonde, schulterlange Haare. Ein Aussehen, als käme sie direkt vom Strand, und eine Figur – traumhaft. Ich kam mir trotz meiner siebzehn Jahre neben ihr vor wie ein stotternder Idiot.

Ich hab mich sofort in sie verknallt. Liebe auf den ersten Blick, weißt du. Bei mir jedenfalls. Es hat noch ein Weilchen gedauert, bis es mir geglückt ist, sie auf mich aufmerksam zu machen. Doch dann ist eigentlich alles wie von selber gelaufen: Wir haben geheiratet, Kinder gekriegt und leben nun glücklich und in Freuden."

Genau! So läuft es doch? Oder? Die wahre Liebe. Die große Liebe. Liebe auf den ersten Blick. Manchmal brauchst du ein Mädchen oder einen Jungen nur anzusehen, und du weißt genau: Es hat gefunkt, du hast den Partner fürs Leben gefunden.

Aber geschieht das wirklich so?

Okay, hin und wieder passiert es vielleicht auf diese Weise. Aber zu denken, so müsste es *immer* sein und diese Ausnahmen seien der Beweis für die wahre, die echte Liebe, das kann gefährlich werden.

Wir denken heute weitgehend, die Liebe sei ein Gefühl – ein plötzliches Überwältigtsein, Schmetterlinge im Bauch und Sterne in den Augen. Die Bibel jedoch spricht von Liebe als einer Tätigkeit; nicht von etwas, das wir *fühlen,* sondern von etwas, das wir *tun.*

Viele Menschen denken, mit der Liebe sei es so wie bei Kolumbus, als er die Neue Welt entdeckte – du suchst nicht nach ihr, aber plötzlich ist sie da! Dabei ist es mit der Liebe eher so wie mit einer duftenden Blume. Du pflanzt einen Samen, gießt und düngst ihn, jätest das Unkraut und reißt alles aus, was die Pflanze am Wachstum hindern könnte, du gießt sie wieder – und nach Tagen, Wochen oder Monaten fängt sie endlich an zu blühen. Und sie wächst und blüht, solange du sie düngst und regelmäßig gießt.

Dass so viele Beziehungen scheitern, liegt vermutlich daran, dass man das nicht versteht: Kaum einer ist heute mehr bereit, an der Liebe zu arbeiten. Niemand denkt daran, den Samen zu begießen. Niemand ist bereit, sich den Stürmen, die das junge Pflänzchen entwurzeln wollen, entgegenzustellen. Niemand ist bereit, den Boden zu bearbeiten. Die Folge ist, dass nur wenige Menschen die Liebe je in voller Blüte erleben.

Der Apostel Paulus betonte mit großem Nachdruck, dass die Liebe eine Tätigkeit ist. *„Ihr Männer, liebt eure Frauen, und zwar so, wie Christus die Gemeinde geliebt …“* Wie hat Christus die Gemeinde geliebt? *„… und sich selbst für sie ausgeliefert hat. So sind auch die Männer verpflichtet, ihre Frauen zu lieben wie ihren eigenen Körper. Wer seine Frau liebt, liebt sich selbst. Niemand hasst doch seinen Körper, sondern ernährt und pflegt ihn. So macht es auch Christus mit der Gemeinde“* (Epheser 5,25.28-29).

Es wird dir immer noch den Atem verschlagen, wenn die Blonde mit den langen Beinen daherkommt. Du wirst noch genauso schwach werden, wenn der Typ von der Fußballmannschaft dich endlich bemerkt. Doch das ist keine Liebe. Es ist aufregend, ja, aber es hat nichts damit zu tun, einen anderen Menschen bewusst und aktiv zu lieben und zuzusehen, wie diese Liebe wächst und zu einer schönen, duftenden Blume erblüht.

Workshop

So kannst du dem Irrtum von der Liebe auf den ersten Blick besser begegnen:

Lies 1. Korinther 13, Paulus' berühmtes Kapitel über die Liebe. Setze die fehlenden Kennzeichen der Liebe ein:

Vers 4: Die Liebe ist .... und ....

Vers 7: Sie ....

....

Was die Liebe nicht tut:

Vers 4: Die Liebe ....

....

Vers 5: Sie ....

....

Vers 6: Die Liebe ....

Vers 8: Die Liebe ....

Nun sieh dir diese Liste einmal näher an. Wie viele der genannten Eigenschaften der Liebe sind Gefühle? Bei wie vielen handelt es sich um etwas, das man tun muss?

EDEL, HILF-
REICH + GUT
DER GUTE
HUMANIST
SELBST-
ERLÖ-
SUNGS-
KNIGGE
SEI GUT

41

Selbst ist der Mann

Der Irrtum von der Selbstbestimmung des Menschen

Patrick und Oliver blieben vor dem Bücherstand in der Einkaufspassage stehen. Der Mann und die Frau hinter dem Stand lächelten ihnen freundlich zu. „Sagt es nur, wenn ich euch irgendwie behilflich sein kann", sprach sie der Mann an.

Manche der Schriften waren gratis, wie zum Beispiel das Heftchen, das kühn behauptete: *„Jesus hat nie gelebt!"*. Andere kosteten etwas, aber die Titel klangen recht interessant. Es ging um den Weltfrieden, Erziehungsfragen oder die Trennung von Staat und Kirche.

„Schau mal hier!" Patrick hielt ein dickes Buch mit dem Titel *Isaak Asimows Führer zur Bibel* hoch. „Von dem Typ hab ich schon mal was gehört."

„Ja." Der Mann trat zu den beiden. „Das ist ein ausgezeichnetes Buch. Es bringt nicht nur kaum bekannte Fakten über die Sintflut und den Durchzug durchs Rote Meer, sondern enthüllt auch eine Menge Dinge, zu denen die Bibel *nichts* sagt. Es erklärt, wie die biblischen Legenden und die Geschichte der Menschheit ineinander greifen und ein großes Gesamtbild geben."

„Uuh." Oliver nickte dem Mann zu, nahm Patrick das Buch aus der Hand und legte es auf den Tisch zurück. „Komm, lass uns gehen", sagte er.

„Was hast du denn plötzlich?“, fragte Patrick, als sie ein paar Schritte weit gegangen waren. „Warum hast du es auf einmal so eilig?“

Oliver zuckte mit den Schultern. „Ich weiß nicht. Irgendwas war da nicht ganz sauber.“

Oliver tat das Richtige. Er war dem säkularen Humanismus begegnet, einer Philosophie, die oft schwer zu erkennen ist, die aber trotzdem im Widerspruch steht zur Bibel und zum Glauben der Christen.

Humanisten glauben, die Welt könne nur von Menschen gerettet werden. Gott kann den Menschen gar nicht retten, so argumentieren sie, weil es ihn nicht gibt. Die Religion kann den Menschen nicht retten, sagen sie, weil sie eine Lüge ist. Die Menschheit kann die Erlösung, den Frieden und die Erfüllung nicht vom Himmel erwarten, sondern muss sich selbst darum kümmern.

Humanisten glauben, die einzige Hoffnung auf persönliche Erfüllung und eine bessere Welt bestünde darin, alles religiöse Denken über Bord zu werfen und „an nichts anderes zu glauben als an das Ich und die ihm innewohnenden Kräfte“. Sie glauben, der Mensch sei fähig, sich selbst – auch ohne die Hilfe eines Gottes – von allem Übel zu befreien.

Doch das ist ein Irrtum.

Die Geschichte der Menschheit zeigt das überdeutlich. Denn alle technischen Fortschritte haben die menschliche Rasse bislang weder friedlicher noch rücksichtsvoller noch mildtätiger gemacht. Wir haben weder vollkommenen Frieden geschaffen noch die Kriege abgeschafft. Es gelingt dem Menschen nicht, all seine Probleme selbst zu lösen. Allein die Ereignisse dieses Jahrhunderts – zwei Weltkriege, Hitler, Stalin, Rote Khmer, Ausbau der atomaren Bewaffnung, Flüchtlingselend, Hungersnöte, Unterdrückung, Bosnien, Somalia, Afghanistan und Irak sprechen deutlich genug davon, dass alle, die ihre Hoffnung allein auf den Menschen setzen, aufs falsche Pferd setzen.

Natürlich müssen wir uns darum bemühen, Krieg und Hunger abzuschaffen und gegen Krankheit und Ungerechtigkeit zu kämpfen. Doch die Menschheit kann sich nicht selbst erlösen. „In keinem andern ist das Heil“, sagt die Bibel, „auch ist kein andrer Name unter dem Himmel den Menschen gegeben, durch den wir sollen selig werden“ (Apostelgeschichte 4,12).

Der Humanist ist der Erlösung im Jahr 2000 nicht näher als jene Menschen, über die Paulus im ersten Jahrhundert schrieb, „die Gottes Wahrheit in Lüge verkehrt und das Geschöpf verehrt und ihm gedient haben statt dem Schöpfer, der gelobt ist in Ewigkeit. Amen“ (Römer 1,25).

Workshop

So kannst du dem Irrtum von der Selbstbestimmung des Menschen besser begegnen:

Lies Jeremia 16,20-21. Was haben diese Worte mit dem humanistischen Denken zu tun?

Lies Psalm 36,2-3. Haben auch diese Verse etwas über den Irrtum von der Selbstbestimmung des Menschen zu sagen? Was?

Lies Psalm 37,38-39. Welche Aussicht auf Erfolg hat die Vorstellung, dass der Mensch sich selbst erlösen kann?

Lies Psalm 62,2-3. Achte darauf, wie oft das Wort „mein“ in diesen beiden Versen vorkommt.

Lies 1. Korinther 3,11. Welche Zukunft hat der Humanismus aufgrund dieses Verses?

42

Zu Hause ist es am schönsten

Der Irrtum vom Himmel auf Erden

Vor einiger Zeit war Belinda Carlisle mit ihrem Hit „Heaven is a Place an Earth“ an der Spitze der Charts. Ein schönes Lied. Aber theologisch gesehen etwas schwach. Natürlich ist sie nicht die einzige, die dieses Lied singt. Wahrscheinlich hast du selbst schon verschiedene Versionen davon gehört.

„Weißt du, was ich denke?“ (Das Mädchen im Bus ist kaum zu überhören.) „Ich denke“, sagt sie zu dem Typ in der Lederjacke neben ihr, „der Himmel ist das, was du daraus machst. Deine innere Einstellung, darauf kommt es an. Was meinst du?“

Wahrscheinlich hast du auch schon die B-Seite gehört:

„Hör mal“, sagt der Mann mit der Tätowierung zum Typ mit der weißen Schürze in der Frittenbude. „Ich hab die Hölle erlebt, und zwar hier!“ Und sein knubbeliger Finger fährt mit Nachdruck auf die Theke. „Die Hölle kann gar nicht schlimmer sein als das, was ich bereits durchgemacht habe.“

Nun, auch das ist ein Irrtum.

Es stimmt zwar: Vieles, was wir erleben, ist so schön, dass wir uns kaum etwas Besseres oder Schöneres vorstellen können. Doch ebenso ist es wahr, dass manches so entsetzlich ist, dass wir meinen, in der Hölle könnte es nicht schlimmer sein.

Dennoch lehrt die Bibel ganz eindeutig, dass es einen wirklichen Himmel und eine wirkliche Hölle gibt.

Jesus sagte zu seinen Jüngern: *„Im Haus meines Vaters gibt es viele Wohnungen. Wenn es nicht so wäre, hätte ich dann etwa gesagt: ‚Ich gehe jetzt hin, um den Platz für euch vorzubereiten'?"* (Johannes 14,2). Er machte auch deutlich, dass der Himmel ein äußerst erstrebenswerter Ort oder Zustand ist. Denn als seine Jünger begeistert davon berichteten, dass es ihnen gelungen war, Dämonen auszutreiben, erwiderte er: *„Aber nicht darüber sollt ihr euch freuen, dass euch die Geister gehorchen. Freut euch viel mehr, dass eure Namen im Himmel aufgeschrieben sind"* (Lukas 10,20).

Und der alt gewordene Apostel Johannes geht in seiner Vision des Himmels und der Zukunft, die uns in der Offenbarung, dem letzten Buch der Bibel, erhalten geblieben ist, verschiedentlich auf Einzelheiten ein und schildert den Himmel als einen Ort, an dem Gott gegenwärtig ist: *„Jede Träne wird er ihnen abwischen. Es wird keinen Tod mehr geben und auch keine Traurigkeit, keine Klage, keinen Schmerz. Was früher war ist für immer vorbei. ... Dort wird es nichts mehr geben, was unter dem Fluch Gottes steht. Der Thron von Gott und dem Lamm wird in der Stadt sein und ihre Bewohner werden ihm dienen und ihn anbeten. Sie werden sein Gesicht sehen und sein Name wird an ihren Stirnen sein. Dann wird es keine Nacht mehr geben, so dass man keine Beleuchtung mehr braucht, nicht einmal das Sonnenlicht. Denn Gott, der Herr, wird über ihnen leuchten. Und sie werden herrschen in alle Ewigkeit"* (Offenbarung 21,4; 22,3-5). Für das Mädchen im Bus, das meint, der Himmel sei auf der Erde, könnte die Botschaft der Bibel deshalb lauten: „Hast du 'ne Ahnung!"

Andererseits macht Gottes Wort auch eindeutig klar, dass die Zukunft für alle, die nicht an Gott glauben, Strafe bereit hält, an einem Ort oder in einem Zustand, den wir Hölle zu nennen gewohnt sind. Jesus sprach ganz offen von einer Zeit, wo er *„zu denen auf der linken Seite sagen: ‚Geht mir aus den Augen ihr*

Verfluchten! Geht in das ewige Feuer, das für den Teufel und seine Engel vorbereitet ist!'" (Matthäus 25,41).

Auch Johannes redet in seiner Vision von der Strafe, die jene Menschen erwartet. *„Aber die Feiglinge, die Treulosen und die, die sich mit abscheulichen Dingen abgeben, die Mörder, die Unzüchtigen und alle, die okkulte Praktiken ausüben, die Götzendiener und alle Lügner - sie erwartet der See, der mit brennendem Schwefel gefüllt ist, das heißt: der zweite Tod"* (Offenbarung 21,8). Auch für den Mann an der Frittenbude, der meint, er habe bereits die Hölle durchgemacht, würde die Botschaft der Bibel lauten: „Hast du 'ne Ahnung!"

Die Bibel spricht relativ oft und immer in äußerst ernsten Tönen von der Hölle (fast wie ein Lastwagen, dem an einem steilen Gefälle die Bremsen versagen und der unablässig auf die Hupe drückt, um alle vor der herannahenden Gefahr zu warnen).

Leider schenken die meisten Menschen weder den Warnungen vor der Hölle noch den Verheißungen auf den Himmel die gebührende Beachtung. Doch wie der Schreiber des Hebräerbriefs sagt: *„Deshalb müssen wir im höchsten Maß auf das achten, was wir gehört haben, damit wir nicht am Ziel vorbeitreiben. Denn schon das Gesetz, das durch Engel verkündet wurde, war verbindlich, und wer es übertrat oder nicht darauf hören wollte, erhielt die verdiente Strafe. Wie sollen wir da der Strafe entgehen, wenn wir eine so großartige Rettungsbotschaft missachten? Es war ja der Herr selbst, durch den die Rettung zuerst verkündet wurde. Und uns wurde die Botschaft von denen bestätigt, die ihn mit eigenen Ohren gehört haben?"* (Hebräer 2,1-3a).

Workshop

So kannst du dem Irrtum vom Himmel auf Erden besser begegnen:

Lies die folgenden Bibeltexte und notiere auf den Linien die

Namen der vier Personen (des Sprechers oder Schreibers der angegebenen Stelle), die ihren Glauben an den Himmel offenbarten:

1. Matthäus 6,20: ....

2. 2. Korinther 5,1: ....

3. 2. Petrus 3,13: ....

4. Offenbarung 19,11: ....

Tu dasselbe mit den Personen, die zum Ausdruck brachten, dass sie auch an die Realität der Hölle glaubten:

5. Matthäus 23,33: ....

6. 2. Petrus 2,4: ....

7. Offenbarung 20,13-15: ....

(Antworten: 1. Jesus; 2. Paulus; 3. Petrus; 4. Johannes; 5. Jesus; 6. Petrus; 7. Johannes)

Buch-
Empfehlungen

der Christlichen Verlagsgesellschaft mbH

Josh McDowell / Ed Stewart

Das NOTRUF-PROJEKT 112

Mein Freund/Meine Freundin hat ein Problem ...

Vielleicht brauchst du mehr als je zuvor einen Ratgeber und Freund in deinem Leben ... Josh McDowell und Ed Stewart haben mit dem Notruf-Projekt 112 Themen und Probleme aufgegriffen, mit denen auch junge Christen im Teenager- und Jugendalter zunehmend konfrontiert werden:

(1) Selbstmordgedanken
ISBN 3-89436-313-4
„Hat das Leben für mich überhaupt noch einen Sinn?“

(2) Zwischenmenschliche Konflikte
ISBN 3-89436-314-2
„Warum können wir nicht miteinander auskommen?

(3) Ungewollte Schwangerschaft
ISBN 3-89436-315-0
„Was soll ich jetzt bloß machen?"

(4) Erkennen von Gottes Willen
ISBN 3-89436-316-9
„Lieber Gott, ich könnte einige Antworten gebrauchen."

(5) Trennung der Eltern
ISBN 3-89436-321-5
„Deine Mutter und ich haben dir etwas zu sagen."

(6) Tod eines geliebten Menschen
ISBN 3-89436-322-3
„Wann hört nur endlich dieser Schmerz auf?"

(7) Sexueller Missbrauch
ISBN 3-89436-323-1
„Davon habe ich bisher niemandem etwas erzählt ..."

(8) Wahre Liebe finden
ISBN 3-89436-324-X
„Wie kann ich wissen, ob es wahre Liebe ist?"

Taschenbuch, je 64 Seiten

Barry St.Clair

Jüngerschaftskurse

Als junger Christ geistlich wachsen

Für junge Leute ab 13 Jahren
Zum Studium in Gruppen oder einzeln

Kurs 1: Jesus nachfolgen
ISBN 3-89436-168-9, Pb, 128 Seiten

Kurs 2: Zeit mit Gott verbringen
ISBN 3-89436-190-5, Pb, 144 Seiten

Kurs 3: Jesus - mein HERR
ISBN 3-89436-191-3, Pb, 144 Seiten

Kurs 4: Meinen Glauben weitergeben
ISBN 3-89436-192-1, Pb, 168 Seiten

Kurs 5: Meine Umwelt beeinflussen
ISBN 3-89436-193-X, Pb, 168 Seiten

Leiterhandbuch Jüngerschaftskurse
ISBN 3-89436-169-7, Pb, 240 Seiten

Diese fünfteilige Kursreihe ist ein Jüngerschaftskurs für junge Menschen. Die Studienbücher helfen dir, dich freiwillig in die Abhängigkeit von Jesus Christus zu begeben und anderen als Beispiel im Glauben voranzugehen. Die Reihe hat folgende Ziele:

1. Jungen Menschen zu zeigen, wie man als Christ lebt.
2. Aus jungen Menschen starke Christen zu machen.
3. Jungen Menschen zeigen, wie man Jesus Christus anderen mitteilt und sie für ihn interessiert.